가톨릭도 프로테스탄트도 아닌

아나뱁티즘

한국 아나뱁티스트 출판사(Korea Anabaptist Press)는 기독교 신앙을 아나뱁티스트 관점에서 소개하는 문서 선교 사역을 합니다. 특히 그리스도인의 신앙과 삶의 기초를 재세례 신앙의 제자도·평화·공동체를 통해 발견하며, 하나님 나라를 이루어가는 성경적 비전을 회복하고자 노력합니다. 한국 아나뱁티스트 출판사가 발행하는 도서는 각 분야별 시리즈로 구성됩니다.

Anabaptism

Neither Catholic nor Protestant

가톨릭도 프로테스탄트도 아닌

아나뱁티즘

월터 클라센 지음 ┃ 김복기 옮김

추천사 1

올해는 루터의 종교 개혁이 500주년을 맞이하는 뜻깊은 해입니다. 1517년 10월 31일, 루터가 비텐베르크에서 개혁의 횃불을 든 이후, 그 불길은 전 유럽으로 빠르고 깊숙하게 확산되었습니다. 지역마다 독특한 정치적·경제적·문화적·신학적 요인들이 복잡하고 독특한 화학 작용을 일으켰고, 다양한 형태로 개혁이 발전·확산된 것입니다. 이신칭의以信稱義에 대한 신학적 각성이 면죄부와 교황권으로 상징되는 중세 교회의 왜곡된 구조와 정면으로 충돌하면서, 종교 개혁은 단순한 종교적 사건을 넘어, 유럽의 총체적 변화를 야기했습니다. 문화의 핵심인 종교의 변화가 문화 자체의 변화로 이어진 대표적 경우입니다.

이런 과정에서 루터의 종교 개혁은 아나뱁티즘의 등장으로 새로운 국면을 맞이했습니다. 아니, 루터의 종교 개혁이 아나뱁티즘을 통해, 새로운 모양과 방향으로 진화하기 시작한 것입니다.

루터의 신학적 각성은 분명히 중세의 한계를 뛰어넘은 위대한 혁신이었습니다. 동시에, 루터는 당시의 역사적 한계에 철저히 머물기도 했습니다. 그의 개혁이 근대의 문을 열었지만, 중세의 범주를 넘지 못한 면도 적지 않기 때문입니다. 특히, 신학적 사유에서 출발한 종교 개혁이 복잡한 정치적 역학 관계에 휘말리면서, 루터의 개혁은 본래의 순수성을 끝까지 유지할 수 없었습니다. 국가와 정부의 지원에 힘입어 진행된 개혁이었기에, 태생적 한계가 자명했던 것입니다.

이런 루터의 한계를 자신의 방식으로 극복하려 했던 개혁자들이 바로 아나뱁티스트들입니다. 그들도 여전히 가톨릭의 후예요, 루터와 츠빙글리가 추진했던 개혁의 연장선 위에 존재했지만, 16세기 종교 개혁자들 중에서 가장 용감하고 집요하게 시대의 한계에 도전하며, 신학적·신앙적 갱신을 위해 분투했던 사람들이었습니다. 루터의 개혁이 이신칭의에 머물고 있을 때, 그들은 제자도를 추구하며 '예수 따름'을 강조했습니다. 루터와 츠빙글리가 국가와 교회의 관계 면에서 중세적 관념에 머물렀을 때, 이들은 시대를 앞서서 정교분리를 외쳤습니다. 주류 종교 개혁자들이 유아 세례를 토대로 중세적 교회론을 극복하지 못했을 때, 이들은 신자들의 세례를 강조하며 새로운 교회론을 추구했습니다. 권력의 힘에 의존했던 주류 종교 개혁자들이 크리스텐덤Christendom 속에서 십자군식 사고를 버리지 못했을 때, 이들은 평화주의를 주창하며 국가주의에 저항했습니다. 그 대가는 혹독한 박해와 순교의 피였습니다.

하지만 그렇게 무자비한 박해와 억울한 오해의 대상이었던 아나뱁티즘이 최근에는 새로운 관심과 연구의 대상으로 부상하고 있습니다. 유럽이 더 이상 크리스텐덤이 아니며, 오히려 종교의 사회적 입지가 급격히 약화된 상태에서, 이미 16세기에 이런 상황을 예견하고 새로운 신앙과 삶의 방식을 제시했던 아나뱁티즘이 많은 이들에게 새로운 통찰과 도전을 제공하기 때문입니다. 특히, 정교분리, 세속화, 포스트모더니즘이 지배하는 현실에서, 그리고 핵전쟁의 위협과 신자유주의의 횡포로 인해 인간의 존재와 종교의 가치가 부정당하는 현실에서, 철저하게 예수의 가르침을 실천하려 하는 아나뱁티스트들의 순수하고 실천적인 삶과 신앙이 신선한 대안으로 떠오르고 있는 것입니다. 이는 대단히 다행스럽고 기쁜 현상입니다.

이런 맥락에서, 월터 클라센의 《가톨릭도 프로테스탄트도 아닌 아나뱁티즘》이 김복기 목사님의 번역으로 출판되는 것은 한국 교회를 위해 매우 시의적절하고 고마운 일입니다. 세계 어느 곳보다 루터와 칼뱅의 영향이 강한 교회들이 즐비하고, 전쟁과 폭력의 위협이 높으며, 자본과 물질의 파괴적 힘이 맹위를 떨치는 나라에서, 평화와 제자도를 실천하며 참다운 신자들의 교회를 추구하고 하나님의 나그네 된 백성으로 살고자 몸부림쳤던 아나뱁티스트들의 삶과 신앙이 더 많이 소개되고 더 널리 전파되어야 하기 때문입니다. 이 분야의 대가가 쓴 이 고전적인 작품이 이 도道를 몸으로 살며 이 땅에 전하기 위해 헌신하는 김복기 목사님을 통해 소개되기에 더욱 기쁘고 감사한 일이 아닐 수 없습니다.

독자들이 이 책에 주목해야 할 이유들은 많습니다. 먼저, 클라센은 아나뱁티즘의 고유한 자리를 가톨릭과 프로테스탄트 사이에 설정하고, 이들과의 연속성과 불연속성을 동시에 지적하고 설명합니다. 이것은 학문적으로 매우 정직하고 바람직한 태도입니다. 가톨릭과 프로테스탄트로부터 부당한 오해와 박해를 경험했기에, 흔히 아나뱁티스트들은 그들과 자신들의 차이점을 더욱 부각시키는 경향이 강합니다. 하지만 클라센은 아나뱁티즘 안에 남아 있는 두 가지 전통의 흔적을 정직하게 인정하고, 동시에 이 전통들과 분명하게 갈라서는 지점을 날카롭게 지적합니다. 이로써, 독자들이 아나뱁티즘의 본질과 특성을 역사적 · 신학적 차원에서 균형 있게 이해하도록 도와줍니다.

둘째, 클라센은 이런 설명을 위해서 재세례파의 주요 쟁점들을 몇 가지 항목으로 분류하고 친절하게 설명합니다. 즉, 종교, 정치, 경제, 자유, 제자도에 대해서, 아나뱁티즘의 고유한 입장과 그 역사를 멋지게 소개합니다. 이로써, 아직 아나뱁티즘에 대해 기초 지식이 부족한 사람들은 아나뱁티즘의 핵심을 쉽고 분명하게 이해할 수 있으며, 이미 이런 수준을 넘어선 독자들은 기존의 이해와 지식을 체계적으로 정리하는 기회를 얻을 것입니다.

끝으로, 이 책은 아나뱁티즘을 이상화하지 않고, 그 장단점을 매우 정직하게 진술합니다. 물론, 단점에 비해 장점을 주로 소개하고 있지만, 결코 아나뱁티즘을 일방적으로 두둔하며 다른 전통들을 비난하지 않습니다. 이런 정직한 고백과 반성을 토대로, 클라센은 변화된 세상에서 아나뱁티즘의 가치와 효용성을 설득력 있게 제시합니다. 그래서 독자들은 그의 주장에 쉽게 동의할 수 있을 것입니다. 역시, 정직이 최선의 정책입니다.

한국 교회가 위기에 처해 있다는 진단은 더 이상 새롭지도 않고 놀랍지도 않습니다. 남북 분단, 신자본주의, 세속화, 정교분리, 종교 다원주의 등이 엄존하는 현실적 · 구조적 문제 속에서, 교회는 존재론적 위기에 직면해 있고, 이에 대한 해법도 찾지 못한 상태입니다. 국가와 교회의 관계 면에서 자신의 자리를 제대로 찾지 못한 채, 분단과 이념의 갈등 속에서 호전적 태도를 고집하면서 천민자본주의 안에서 기득권의 입장을 대변하고 있다는 비판과, 교조주의에 경도되어 도덕적 책임 의식이 해이해졌다는 뼈아픈 평가가 한국 교회를 향해 쏟아지고 있습니다.

이런 상황에서 종교 개혁 500주년은 한국 교회에게 특별한 의미가 있습니다. 종교 개혁의 역사를 진지하게 묵상하면서, 동시에 자신의 현실을 정직하게 반성할 수 있는 기회가 될 것이기 때문입니다. 이런 때에, 이 책의 출판은 종교 개혁의 정신과 가치를 더욱 총체적으로 이해할 수 있는 소중한 기회가 될 것입니다. 부디, 클라센의 이 책이 한국 교회에서 널리 읽혀져서, 길을 잃은 교회가 본질을 회복하고 져야 할 십자가를 당당히 지며, 푯대를 향해 끝까지 행진할 수 있길 바랍니다. 정확하고 미려한 번역으로 책 읽는 기쁨을 선사해 준 번역자 김복기 목사님의 수고, 그리고 중요한 때에 가치 있는 책의 출판을 결정한 출판사의 혜안과 용기에 깊이 감사드립니다.

배덕만
(기독연구원 느헤미야 교회사 교수)

추천사 2

약 450년 전, 돈독한 신앙심을 가진 그리스도인들이 작은 가
정 교회에 모여 기독교 국가주의를 떠나는 영적인 여정을 시작했
다. 그들은 이제 막 출현한 제국주의와 어리석은 기술 문명이 사
람들의 희망을 앗아 가는 전쟁과 폭력에 이용되리라고 확신했다.
자기 파괴적인 세상의 모습을 간파한 그들은 신약 성서의 모델에
기초를 둔 참된 교회True Church의 모습을 회복하는 것이 그리스도
인으로서 취할 수 있는 유일한 답이라고 생각했다. 진지한 태도
로 거룩한 역사를 회복하려던 이들에게, 아주 오랫동안 무시되어
왔던 성서는 그들이 걸어가야 할 길을 보여 주었다.

복음에 대해 타협하고 겉치레하는 공식적 국가 교회의 지도자
들은 그 존재 자체가 큰 문제였다. 이러한 상황에 이르러 아나뱁
티스트들은 새로우면서도 철저히 대항 문화적인counter-culture 참

된 교회의 모습을 드러내야만 했다.

이 책은 월터 클라센이 그동안 발표한 여러 작품들 중에서 신약 성서의 계획에 근거한 아나뱁티스트/메노나이트의 대항 문화적 관점을 멋지게 표현한 작품이다. 많은 사람이 주류 사회가 희망을 앗아 가는 무모한 전쟁과 폭력을 추종하게 될 것이라는 사실을 서서히 깨닫고 있을 때, 본질에 철저한 모범적인 아나뱁티스트들은 이미 하나님의 선한 사회Good Society에 대해 폭넓게 선포하고 있었다. 아나뱁티스트들은 분파주의자들도 아니고, 자가 당착에 빠져 있는 일부 엘리트 집단도 아니다. 그들은 이어지는 역사 속에서 성서가 얼마나 적실한 의미를 제공하는지, 사람들이 서로에게 어떤 모습으로 대해야 하는지, 그리고 하나님의 의도가 무엇인지에 대하여 분명한 지침을 제공한다고 믿었다.

아나뱁티스트들의 대항 문화적 경험을 통해서, 세상 속에서 구체적으로 적용할 수 있는 아주 분명한 교훈들이 그 모습을 드러냈다. 이제 순례하는 교회로서 아나뱁티스트 비전은 이미 형성된 국가주의의 오랜 전통 안에서 성장해 왔던 많은 사람들에게 호소력 있는 도전이 되었다. 정의롭고 분명한 본질을 드러낸 아나뱁티스트 신앙의 관점(제6장)은 시의 적절했다. 갈등과 분쟁으로 점철된 근대 시대 약 450년 동안, 특히 그 어떤 시대보다도 살인적이었던 지난 20세기에 국가와 정부는 가장 파괴적이고 악한 세력으로 성장했다. 전체주의를 지향하는 정부들의 기괴하고 비인간

가톨릭도 프로테스탄트도 아닌 아나뱁티즘

적인 행위뿐만 아니라 일반 정부들의 불법적인 행위는 양심 있는 사람들에게 고통스러운 짐을 안겨 주었다. 실제로, 이 시대 최악의 저주는 근대의 국가-정부들이 불의와 불법을 일삼는 주된 원형으로 자리 잡았다는 것이다.

아나뱁티스트들은 이러한 비인간화와 착취에 대한 대답을 갖고 있었다. 서로 사랑하라는 그리스도인의 기준 아래 시행되는 상호 협력이 바로 그 해답이다. 그러나 과학 기술을 잘 알지 못하는 사람들에게까지 자행된 경제적 착취, 즉 유럽과 북아메리카의 억압받는 소수, 아시아와 아프리카 전역에서 억압받는 대다수 사람들에게 자행된 경제적 착취는 가장 강력한 정부들이 휘두르는 잘못된 권력 아래 오늘날까지 지속되고 있다.

아나뱁티스트들은 당시 새로 등장한 권력과 제도를 후원하지 않았다는 이유로 16세기의 정치인들에게 비방당하고 정죄되었다. 국가와 정부는 교회가 자신들의 야망을 축복하고 그들이 일으키는 전쟁을 거룩한 것으로 규정하도록 강요했다. 아나뱁티스트들이 봉건 제도를 반대하고 무기 소지를 거부하고, 교회가가진 특권에 저항하고 국가의 통치를 받지 않자, 그들은 자유, 양심, 인간의 존엄성을 갈구하던 아나뱁티즘을 공격했다. 아나뱁티스트들의 헌신은 사회 개혁을 위한 것이라기보다는 참된 기독교를 향한 것이었다. 그러나 그들의 끊임없는 영적인 변화와 여정이 가져온 부차적인 결과 또한 매우 중요하다.

현재 우리는 아나뱁티스트/메노나이트들의 신앙 고백이 교회와 국가를 위해 얼마나 중요한지 잘 알고 있다. 16세기의 로마 가톨릭 신학자들과 프로테스탄트 신학자들의 가르침 대부분이 오늘날 비현실적이고 부적절하게 보일지 모르지만, 상호 협조, 평화, 교회 규율, 종교의 자유, 평신도 신앙 간증 등 아나뱁티스트들의 가르침은 갈수록 더욱더 중요하고 새롭게 부각되고 있다. 이미 15세대 이전의 주장이었는데도 말이다.

프랭클린 리텔Franklin H. Littell

(템플 대학교)

옮긴이의 말

이 책에 소개된 내용은, 지금은 우리 귀에 너무나 익숙하지만, 종교 개혁이 일어났던 16세기 당시에는 너무 급진적이어서 교회에서는 물론 사회에서조차 말해서는 안 되는 것들이었다. 예를 들어 성직자가 아니라 평신도들이 교회를 이끈다든가 공동체가 함께 성서를 읽고 해석하는 일은 지금 우리에게 자연스럽지만, 16세기에는 기이한 일이었다. 일상생활 속에서 그리스도를 따르는 제자도를 강조한다든가, 가정 교회로 모여 예배를 드리고 따뜻한 인간관계를 강조하며 교제 중심의 모임을 갖는 일, 목회자가 교회 밖에서 직업을 가지면서 그리스도인으로 산다는 생각, 그리스도인의 신앙과 삶의 일관성을 통해 온전한 복음을 전하려는 모습 역시, 16세기 상황에서는 매우 낯설었다. 더 나아가, 국가와 교회의 분리라든가 평화주의를 외친다는 것은 급진적이다

못해 불경스럽게 여겨졌고, 이러한 변화를 요구한 아나뱁티스트들의 개혁은 이단으로 정죄되었다.

이 책의 저자 월터 클라센은 16세기 교회사가로서 아나뱁티스트 운동에 대해 많은 관심을 갖고 평생 아나뱁티스트 운동과 관련 인물들을 연구한 학자이다. 그는 수많은 논문과 책을 출간하고 16세기 원전을 영어로 소개하면서, 대학 강단에서는 물론 교회와 여러 나라를 순회하며 아나뱁티스트를 알리는 데 전력을 다했다. 이 책은《개략적으로 살펴본 아나뱁티스트 운동Anabaptism in Outline》과 더불어 그의 위상을 알려 준 대표적인 저작이다. 늦은 감이 없지는 않지만, 이렇게 귀한 책을 한국어로 소개하게 된 것은 옮긴이에게도 큰 기쁨이자 소중한 배움의 기회였다.

한국 땅에서 아나뱁티스트 운동을 시작한 지 이제 사반세기가 조금 넘었다. 역사와 세월의 흐름은 무시하지 못한다 했던가? 그냥 흘러가기만 한 줄 알았던 지난 세월을 뒤돌아보니, 여기저기에서 자생적인 아나뱁티스트 그룹들이 꽤 많이 생겨나고 있고, 책을 통해서나 북아메리카의 아나뱁티스트-메노나이트 관련 학교를 통해서 이제는 꽤 많은 사람이 이 운동을 배우고 삶으로 실천하고 있음을 확인할 수 있다. 또한 그저 개인의 호기심에 그쳤던 아나뱁티스트 운동은 이제 교회의 본질을 추구하는 신학생과 공동체에 관심이 있는 사람이라면 관련 책 몇 권쯤을 읽었을 정도로 많이 알려지게 되었다. 아나뱁티스트 교회론, 공동체 및 평화학 등은 여러 신학교 석사 학위 논문의 중요한 연구 주제가 되고 있고, 건강한 교회를 추구하는 사람들과 기독교 인문학 관련 단체들이 꼭 알아야 할 기독교 역사 주제가 되고 있다. 그래서인지 좀 더 깊이 있는 아나뱁티스트 책을 찾는 이들이 갈수록 많아지고 있다.

신자들의 교회를 아는 사람들이라면 교회 운동과 관련하여 항상 1세기와 16세기 아나뱁티스트 운동을 거론한다. 그만큼 아나뱁티스트 운동은 원형의 역할을 한다. 그러나 막상 초대 교회와 아나뱁티스트 교회의 특징에 대해서 딱 부러지게 설명하거나 요약하기는 쉽지 않다. 이를 주제별로 나누어 잘 정리해 놓은 책이 바로 이 책, 《가톨릭도 프로테스탄트도 아닌 아나뱁티즘》이다. 기독교 사회 또는 기독교 국가주의의 시대였던 16세기에 조금의 두려움도 없이 급진적인 목소리를 냈던 이들은 제자도를 강조했고, 개인에게 주어진 완전한 자유를 완강히 옹호했으며, 성서의 말씀을 그대로 따라 살려는 순종의 신학을 발전시켰다. 또한 이들은 사회적 변화를 이끌어 낸 급진적인 태도를 감추지 않고 성서에서 배운 내용을 담대히 증거했다. 16세기에 외친 이들의 핵심 주장은 자유, 평등, 박애라는 가치로 미국 건국의 이념에도 영향을 끼쳤고, 침례교, 퀘이커, 감리교 등의 교회 운동에 직간접적으로 영향을 끼쳤다. 또한 사회 복음과 해방신학과도 교감했고, 평화 교회의 산파 역할을 하며 비폭력, 무저항, 평화 신학에 크게 기여했다.

《가톨릭도 프로테스탄트도 아닌 아나뱁티즘》은 작은 책이지만 많은 것을 우리에게 내준다. 부록에 정리되어 있는 아나뱁티스트 중요 인물은, 루터, 츠빙글리, 칼뱅이라는 종교 개혁가들 외에도 16세기에 교회 개혁을 위해 목숨을 아끼지 않은 인물이 적지 않았음을 알려 주는 좋은 자료이며, 참고 문헌의 도움을 받는다면 이 책의 내용을 더욱 심도 깊게 토론할 수 있을 것이다.

책의 분량으로는 소책자지만, 이 책은 내용과 전문성으로 치자면 학문적으로 인용하기에 조금도 손색이 없다. 특히 아나뱁티즘 연구에 평생을 바쳐 온 월터 클라센 교수의 책이기에, 연구하는 사람에게나 아나뱁티스트 운동에 대해 더욱 명확하게 알고 싶어 하는 독자들에게 큰 도움이 되리라 믿어 의심치 않는다.

2017년은 종교 개혁 500주년의 해이다. 종교 개혁의 발원지인 유럽과 독일에서는 물론 한국에서도 500주년 행사를 준비하고 있으며, 이미 여러 매체와 신문에서는 특집 기사 및 연재 기사를 쏟아 내고 있다. 한편으로는 다시 프로테스탄트 운동의 정신을 살리려는 움직임이 일고 있고, 미완의 숙제로 남아 있는 부분에 대한 아쉬움을 해소하기 위한 자성의 목소리도 들려오고 있다. 이러한 때에 《가톨릭도 프로테스탄트도 아닌 아나뱁티즘》을 출간하게 된 것은 여간 뜻깊은 일이 아니다. 이 책이 미완의 종교 개혁 또는 종교 개혁이라고 부르는 루터의 개혁, 또는 프로테스탄트 개혁의 한계를 이해하고 대안을 찾는 데 도움이 되었으면 하는 바람이 있다.

번역가로서 책꽂이에 한 권씩 번역서를 더해 갈 때마다 드는 부담감은 이루 말할 수 없다. 행여 오역이 있지는 않을까 노심초사하기도 하고, 출판 과정 중에 옥에 티는 생기지 않았는지 세심한 부분까지 신경이 쓰이기도 한다. 그런데도 불구하고 늘 작은 부분까지 챙기는 KAP의 김수연 편집장과 주변의 자매형제들의 격려에 힘입어 또 한 권의 책을 내놓는다.

부디 한국 교회가 종교 개혁 500년을 기념하는 데 그치지 않고, 진정한 교회 개혁을 이루는 원년이 되기를 기도한다.

2017년 2월
봄 내음이 나는 춘천에서
김복기

차례

추천사 1 __ 5

추천사 2 __ 11

옮긴이의 말 __ 15

서문 __ 21

제2판 서문 __ 23

제3판 서문 __ 25

제1장 가톨릭도 프로테스탄트도 아닌... __ 27

제2장 급진적 종교: 아나뱁티즘과 신성불가침 __ 46

제3장 급진적 제자도: 아나뱁티즘과 윤리 __ 63

제4장 급진적 자유: 아나뱁티즘과 율법주의 __ 81

제5장 급진적 신학: 아나뱁티즘과 이상주의 __ 99

제6장 급진적 정치: 아나뱁티즘과 사회 변화 __ 121

제7장 더 큰 관점에서 __ 154

제8장 아나뱁티즘: 어떻게 적용할 것인가? __ 169

제9장 긍정적이기도 하고 부정적이기도 한 아나뱁티즘 __ 192

부록 1 중요 인물 소개 __ 203

부록 2 소집단 토론 지침 __ 216

참고 문헌 __ 220

서문

　이 책의 제2장부터 제6장까지는 1969년 8월 미국 콜로라도 주 덴버 근처의 메노나이트 대학원 세미나에서 처음 발표되었다. 그리고 두 번째로 1970~1973년에 캐나다 온타리오 주 키치너에 있는 락웨이 메노나이트 교회Rockway Mennonite Church에서 제7장과 제8장을 보완하여 발표했다. 발표에 참석한 다양한 청중들이 보여 준 관심과 격려, 비평에 감사를 드린다. 이들의 격려와 비평은 현재 수정판에 반영했다. 특별히 편집에 많은 도움을 주었던 존 스나이더John W. Snyder와 프랭크 엡Frank H. Epp에게 고마움을 표한다. 그리고 책의 출판을 위해 보조금을 후원해 준 락웨이 메노나이트 교회에 깊은 감사를 드린다. 이 책이 출판되기까지 초고를 읽어 가며 문법과 문체를 교정해 준 유리 벤더Urie Bender에게도 빚진 자의 마음으로 감사를 표하고 싶다.

끝으로, 발표된 내용을 출판할 수 있도록 원고를 일일이 입력해 준 폴린 바우먼Pauline Bauman과 원고를 쓸 수 있도록 충분한 시간을 내준 콘라트 그레벨 대학에도 진심으로 감사를 드린다.

1973년 1월
캐나다 온타리오 주 워털루에서
월터 클라센Walter Klaassen

제2판 서문

10여 년 전에 출판된 책을 수정하여 증보판을 낼 때, 사람들은 대개 상반되는 감정의 양면성을 경험한다. 내가 이 책을 다시 수정, 보완하여 출판하면서 이러한 느낌을 갖는 데는 두 가지 이유가 있다. 우선 초판을 발행할 때와 지금 사이에 존재하는 일정한 시간의 간격이다. 초판에는 1960년대의 상황이 반영되어 있었다. 그 시기에는 혁명이란 단어가 인기 있었고, 따라서 상대적으로 이 단어를 자유롭게 쓸 수 있었다. 그러나 지금 나는 그러한 상황에 대해 약간 다른 생각을 갖고 있다. 모든 점에서 다 그렇지는 않지만, 나는 이러한 표현을 조금 다르게 사용하고 있다. 아나뱁티스트를 설명할 때 사용한 '급진적 radical'이라는 단어 또한 지금은 널리 유행하고 있다. 나는 이 단어를 적합하게 사용하고자 노력했다. 이 책을 다시 증보하여 발간하는 이유는 중요한 연구 조사가 이루어져 초판에 발표했던 내용을 비판할 만한 내용이 있기 때문이다. 나는 아주 비평적인 시각으로 수정, 출판하고자 한다.

제목에 대해 언급하자면, 나는 그동안 가톨릭도 프로테스탄트도 아니길 원하는 세계교회주의자(ecumenist, 에큐메니스트)들에게 비난을 받았다. 그들은 내가 '가톨릭이면서 프로테스탄트'라는 제목을 붙이자, 내가 분파주의적 세계 교회 운동으로 아나뱁티즘Anabaptism을 표현하고 있다는 정반대의 반응을 보이기 시작했다. 그러나 제목은 그대로 두었다. 16세기의 종교적 상황을 좀 더 분명하게 소개하려는 의도에서였다. 실제로 최근 연구 조사에서 아나뱁티스트들이 제3의 입장을 취했다는 점은 확실히 입증되었다. 아나뱁티스트들이 제3의 길이라는 입장에 대해 그 어떤 것도 더해서는 안 되는데, 왜냐하면 그것이 역사적 사실이기 때문이다. 이 점에 대해 20세기 메노나이트들이 할 수 있는 일은 아무것도 없다.

출간할 생각조차 없었던 이 책이 상대적으로 성공을 거두어 매우 기쁘다. 이제 개정 출판되는 이 책이 더 유용한 책이 되기를 기대한다.

1981년 승천일에
월터 클라센

제3판 서문

아나뱁티스트 '운동'이 있었는가에 대한 진지한 질문은 그동안 아나뱁티스트의 다원발생설과 관련되어 끊임없이 제기되어 왔다. 1973년 출간된 이 책은 아나뱁티스트 운동에 대해 의심할 여지가 없음을 확인시켜 주었다. 과연 아나뱁티스트 운동이 있었는가에 대한 질문, 그리고 16세기의 아나뱁티스트들이 갖고 있던 특성에 대한 훌륭한 설명들은 모든 사람들에게 일반적인 것이 되었다. 이 책의 재출간은 이러한 질문과 의구심에 대한 대담한 설명이다.

물론 나는 이러한 설명을 시도하고 새롭게 한 첫 번째 사람이 아니다. 나의 동료 교수인 아널드 스나이더C. Arnold Snyder는 이러한 가설에 대해 탄탄하고 설득력 있는《아나뱁티스트 역사 및 신학Anabaptist History and Theology》이라는 역작을 발표했다. 나는 이 책의 출간을 통해 그의 연구를 후원할 수 있게 된 것을 매우 기쁘게 생각한다.

개정판이지만 이 책은 초판에 비해 많이 달라지지는 않았다. 몇 가지 사항을 더 명확하게 설명하기 위해 약간 수정했을 뿐이다. 양성 평등을 추구하는 표현을 사용했고, 1981년 이래 영어로 출간된 아나뱁티스트 연구 자료들을 좀 더 추가했다. 또한 1975년에 《아나뱁티즘: 가톨릭이면서 프로테스탄트》라는 제목으로 출간된 소책자에 후기를 덧붙여 출간하게 되었다.

다음 세대들이 볼 수 있도록 이 책을 다시 출간해 준 판도라 출판사에 감사를 표한다.

2000년 노동절에
월터 클라센

가톨릭도
프로테스탄트도 아닌...

1

'아나뱁티스트anabaptist'는 16세기에 있었던 어떤 그리스도인들을 일컫는 별칭이었다. 그것은 단순히 '다시 세례를 받은 사람들'이라는 의미였다. 16세기 기독교 사회를 표방했던 유럽에서 이보다 더 비난받은 이름은 없었다. 원수와 적들은 아나뱁티즘(Anabaptism, 아나뱁티스트 운동으로 번역하기도 했다.—옮긴이)을 유럽의 종교와 사회 제도를 폭력적으로 파괴하는 아주 위험한 운동으로 여겼다. 아나뱁티즘은 아주 기괴하고 반사회적인 것으로 간주되었고, 아나뱁티스트들의 신앙은 악마가 조종하고 있는 이단으로 간주되었다.[1]

---

1   이렇듯 부정적이면서 적대적인 가장 최근의 해석은 1963년에 영국의 역사가 엘턴(G. R. Elton)이 저술한 《유럽의 개혁 1517~1559 *Reformation Europe 1517~1559*》(London: Collins, pp. 86-103)라는 책에서 발견된다.

여러 시대의 많은 사람들에게 아나뱁스트 운동은 오랫동안 사회적 호기심의 대상, 최초로 참된 본질을 추구한 운동, 또는 다루기 힘들고 활기차면서도 독창적인 기독교 운동[2]으로 인식되었는데, 그 이유는 이 운동이 열심히 일하면서도 검소한 삶을 표방했던 지역 사람들에 의한 운동이었기 때문이다.[3] 어떤 사람들은 여전히 아나뱁티즘이 로마 가톨릭교회의 타락을 극복한 유일한 운동이며, 마르틴 루터Martin Luther, 울리히 츠빙글리Huldrych Zwingli(또는 Ulrich Zwingli), 장 칼뱅Jean Calvin이 이루지 못했던 개혁의 목표를 제대로 이룩해 낸, 유일하고 변함없는 프로테스탄트 운동이라고 평가하기도 한다.

이 책의 목적은, 메노나이트와 다른 해석자들이 기록한 내용뿐만 아니라 여러 사람들이 암시하거나 무시해 왔던 일들을 설명함으로써 아나뱁티즘에 대한 올바른 해석을 제공하는 것이다.

16세기 종교 운동인 아나뱁티즘은 당시 널리 퍼져 있던 종교적·사회적 불만에서 출발했으며, 그 직접적인 시발점은 스위스 취리히에서 시작한 츠빙글리의 개혁 운동이다. 공식적으로 1525년에 시작된 아나뱁티즘은 특히 독일어와 네덜란드어를 사용하는 중부 유럽을 위시하여 유럽의 거의 모든 나라들로 빠르게

---

2   가장 중요한 미국 메노나이트 역사가인 존 호시(John Horsch)의 저작은 이러한 관점을 반영하고 있다.

3   일부 메노나이트 사회학자들이 이러한 관점을 견지한다.

퍼져 나갔다. 결국 아나뱁티즘은 수십만 명의 지지자들을 형성한 거대한 운동이 되었다.

아나뱁티즘은 일반적인 유형의 지도력과 교회의 위계질서라는 의미에서 통상적인 형태나 통일된 모습을 갖춘 적이 한 번도 없었다. 그 이유는 아나뱁티스트들이 회중의 자치를 중요하게 여겼기 때문이기도 하고, 아나뱁티즘이 인정받지 못한 채 엄청난 박해를 받으면서 지리적으로 국한되어 일어났기 때문이기도 하다. 그러므로 성서의 해석과 신학 및 교회의 예전이나 실천 사항을 놓고 아나뱁티스트 내의 다양한 집단들 간에 엄청난 차이가 존재한다. 그러나 이 운동은 이후에 더 분명해지는 특정한 방식으로 연합하게 되었다.

그 당시에 있었던 루터주의, 개혁주의, 성공회와 같은 대부분의 종교적 운동들처럼, 아나뱁티즘 또한 사회의 두통거리였다. 장크트갈렌Sankt Gallen 지역에서는 성서적 문자주의라는 어처구니없는 주장이 제기되기도 했다. 즉, 하나님의 왕국에 들어가려면 어린아이와 같이 되어야만 한다는 말이 복음서에 씌어 있다고 해서, 몇몇 사람들은 문자 그대로 어린아이처럼 장난감을 가지고 놀고 아이들 말투로 말하는 등, 어린아이들처럼 행동했던 것이다. 튀링겐Thüringen 지역에서는 자신이 하나님의 아들이라고 주장하는 사람이 등장하는 등, 종말론적 광기를 보이기도 했다. 아나뱁티스트들이 폭력과 탄압의 모습으로 치닫게 되었을 때, 뮌스터Münster에서는 하나님의 왕국을 설립하고자 하는 기대감도 있었다.[4] 일부러 숨기려는 시도는 없지만, 메노나이트 가족의 벽장에는 보여 주고 싶지 않은 역사적 유골들이 놓여 있다는 사실을 부정할 사람은 없다. 그러나 아나뱁티즘이 폭력을 적극적으로 후원한 적은 한 번도 없었으며, 대부분의 사람들이 이러한 움직임을 거부했기에, 뮌스터 사건을 아나뱁티즘에 포함시킬 수는 없다.

가능한 한 역사적인 객관성을 갖고 아나뱁티즘을 이해하는 것은 그 무엇보다 중요하다. 그러기 위해서는 긍정적인 동시에 부정적인 요소들이 존재한다는 점을 함께 인식해야만 한다. 교단이라는 전통에 대한 자긍심은 매우 긍정적이다. 아나뱁티즘에는 기독교 역사에 채 드러나지 않은 많은 장점들이 있다. 그러나 불행하게도 역사의 부정적인 영향은 더 두드러지게 보이게 마련이다. 예를 들어, 전통의 본모습이 어떻든지 간에, 처음부터 '흠도 없고 점도 없이' 시작된 메노나이트들이 현재 그다지 관대하지 못하고 열린 마음이 없는 사람들로 이해되고 있다는 사실이다. 당시의 다른 그리스도인 집단들처럼, 아나뱁티즘을 지지했던 사람들은 자신들이 발견한 진리를 거부하는 고집 센 사람들에게 하나님 나라가 아닌 하나님의 진노가 임할 것이라고 확신했다. 내부적으

4   이러한 사건의 사악함에 대해 정당성을 부여하지 않은 채, 유럽 전역에서 무력을 의지하여 종교적 신앙을 강요했던 가톨릭과 프로테스탄트들이 아나뱁티스트들을 대하는 방식을 그냥 이곳에서 언급한 것이 틀림없다.

로 아나뱁티스트들은 다른 프로테스탄트 운동들보다 더 많이 나뉘어 있었다.[5] 때때로 그들이 시행하는 교회 규율은 너무 가혹했다.[6] 그 당시의 모든 그리스도인 집단들이 같은 생각을 갖고 있기는 했지만, 자신들만이 유일하며 참된 교회라는 확신은 다른 사람들이 보기에는 너무나 불쾌하고 불공평했다. 그러므로 우리가 다음 장에서 아나뱁티즘의 특징들에 대하여 살펴볼 때, 그들에게 장점은 물론 단점도 함께 존재한다는 사실을 충분히 인식해야 할 것이다.

아나뱁티즘의 초기 역사에 대한 요약

1525년 1월 21일, 어둠이 깊게 드리워졌을 무렵, 그로스뮌스터Grossmünster 근처 취리히 관할의 노이슈타트가세Neustadtgasse에 있는 어느 집에 여섯 명의 사람들이 하나씩 숨어들었다. 그들이 이렇게 비밀스러운 모임을 갖게 된 이유는, 그날 시의회가 모든 형태의 모임을 금지한다는 내용의 법안을 통과시켰고, 따라서 비밀스럽게 모이는 것은 법을 어기는 행위가 되었기 때문이었

---

5   이미 언급했듯이 부분적으로 이것은 지리적인 요인과 박해로 강제 분리되었기 때문이다. 더 나아가 실제 아나뱁티스트들이 거부한 원리인 무력에 의해 가톨릭교회와 프로테스탄트 교회가 통합되었기 때문이다.

6   이러한 판단을 내리는 사람들은 반드시 가톨릭과 프로테스탄트들이 교회 규율을 어떻게 집행했는지를 지적해야만 한다. 이 교회들은 다른 방법들이 실패하면, 추방, 재산 몰수, 투옥, 사형으로 처벌했다.

다. 사람들은 덧문을 내려놓고 성서 공부와 기도를 위한 모임을 가졌다.

실제로 성서 공부 모임은 취리히 지역에서 잘 알려져 있었다. 츠빙글리라는 개혁가에 의해 고무된 여러 학자들과 성서 공부에 관심이 있었던 사람들은 1520년 이래 자주 이러한 모임을 가졌다. 츠빙글리도 이런 모임에 참석했다. 그러나 그날, 1525년 1월 21일, 다른 성서 공부 모임 회원들은 그 자리에 모였지만, 정작 츠빙글리 자신은 모습을 드러내지 않았다.

그 집단을 대표하는 사람들 사이에 심각한 의견 충돌이 생겨났다. 한편에는 콘라트 그레벨Conrad Grebel[7]과 펠릭스 만츠Felix Manz[8]가 있었고, 또 다른 한편에는 취리히의 개혁을 이끌며 시의회를 대표하는 츠빙글리가 있었다. 츠빙글리는 헌신적으로 시의회를 통해 개혁의 속도를 조절하고 있었다. 그는 시의회가 기독교 의회라고 확신하고 있었기 때문에, 오직 그리스도인들만이 교회의 변화를 가져올 수 있다는 자신의 주장을 따라 화합을 이루려고 노력했다.

그러나 의회는 개혁의 속도를 점점 늦추기 시작했다. 의회가 개혁을 점점 더 주저하게 된 것은 성서적 · 교리적인 이유가 아니라 경제적 · 정치적인 이유 때문이었다. 그레벨과 만츠와 그들의

---

7   부록 1을 보라.
8   부록 1을 보라.

추종자들은 그리스도께 복종하는 것이 지나친 조심성과 두려움에 좌지우지되면 안 된다는 믿음을 갖게 되었다. 또한 그들은 자신들이 공부한 신약 성서를 통해, 세례를 받은 사람들에게 무조건적으로 그리스도인이라는 이름을 사용할 것이 아니라, 진실로 예수를 따르고자 하는 사람들에게만 사용해야 한다고 결론지었다. 결국 그들은 그들의 정치적 역할에서 기독교 정부와 비기독교 정부 사이에 본질적으로 차이가 있다는 사실을 부인했다. 흔히 말하는 기독교 정부가 그 사회를 기독교적으로 만들 수는 없었다.[9]

그러나 츠빙글리는 이러한 관점에 동의할 수 없었다. 결국 큰 갈등의 조짐이 일어났고, 그레벨과 만츠와 그들의 추종자들은 자신들이 믿고 있는 이러한 것들이 실제로 그러한지 살펴보기 위해 성서 공부 모임을 갖기 시작했다. 그들이 유아 세례의 유효성을 부정하자, 츠빙글리와 시의회는 그들이 취리히의 평화와 결속을 위협한다고 결론을 내리고 그들의 모임을 금지하고 이를 따르라고 명령을 내렸다.

그 겨울 밤, 만츠의 집에 모인 사람들은 자신들이 하고 있는 일

---

9 *An Introduction to Mennonite History*, ed. C. J. Dyck(Scottdale: Herald Press, 1967), pp. 30-34(코넬리우스 딕, 《아나뱁티스트 역사》, 대장간, 2013); J. H. Yoder, "The Turning Point in the Zwinglian Reformation," *Mennonite Quarterly Review*, XXXII(April, 1958), pp. 128-140. 여기에 포함되지 않은 이야기를 위해서는 Wilhelm Reublin, *Radical Reformers*, ed. H. J. Goertz(Scottdale: Herald Press, 1982)을 보라.

이 얼마나 중차대한 일인지 잘 알고 있었다. 그러나 그들은 새롭지만 위험한 이해를 위해 자신들을 인도하고 계신 하나님께 복종하는 것 외에 다른 선택이 없다는 결론을 내렸다. 《후터라이트 연대기》에 따르면, 확신에 찬 그들은 하나님께 대한 복종을 구체적으로 실천하지 않을 수 없었다. 기도를 하면서 틀림없이 박해가 있으리라는 것을 알았지만, 그들은 서로에게 세례를 베풀었고, 동시에 이 땅 위에 그리스도의 교회를 세우는 일을 서로에게 위임했다.

이러한 행동은 모인 사람들을 모두 선교사가 되도록 요청했다. 이후에, 촐리콘Zollikon 근교에서 농부들이 세례를 받게 되었다. 그들은 성서 공부와 기도, 주의 만찬을 위해 지속적으로 모임을 가졌다. 예감했던 박해가 곧 들이닥쳤고, 성서를 공부하던 사람들은 체포되어 수감되었다. 감옥에서 3~4개월간 고문당하고 학대받고 추방의 위협을 받았지만, 신자들의 교회로서 가장 처음 시도한 것은 개인적 신앙 고백을 토대로 세례를 주는 것이었다.[10]

지도자들은 장소를 불문하고 매우 바빠졌다. 그레벨은 샤프하우젠Schaffhausen과 장크트갈렌에서 설교를 하고 세례를 베풀었다. 수사였던 게오르게 블라우로크George Blaurock는 그라우뷘덴Graubünden과 오스트리아의 티롤Tirol에서 활동했다. 1525년

---

10 이 이야기를 위해서는 Fritz Blanke, *Brothers in Christ* (Scottdale: Herald Press, 1961), pp. 43-71을 보라.

5월, 첫 번째 아나뱁티스트가 슈비츠Schwyz 지역에서 신앙 문제로 처형을 당했고, 1년 뒤에 그레벨이 고향에서 발생한 전염병으로 죽었다. 1527년 1월 만츠는 취리히에서 수장에 처해졌는데, 세례를 다시 받았다는 이유 때문이었다.

그러나 초기 아나뱁티스트 회중이 형성된 지 2년 후, 아나뱁티즘은 태동 지역을 넘어 몇백 킬로미터 떨어진 먼 곳으로 퍼져 나갔다. 1526년 5월, 아나뱁티스트 운동의 중요한 지도자이자 재능 많은 학자인 발타자르 후프마이어Balthasar Hubmaier[11]는 아우크스부르크Augsburg를 거쳐 모라비아Moravia로 도피했다. 그곳에서 후프마이어는 한스 뎅크Hans Denck[12]라는 젊은 형제를 만나게 되었다. 뎅크는 1525년 1월 21일 루터의 가르침에 대해 날카롭고 비판적인 시각을 가졌다는 이유로 뉘른베르크Nurnberg에서 추방된 사람이었다. 그는 아우크스부르크에서 아나뱁티스트를 이끌어 가는 지도자가 되었으며, 모든 덕의 결정체가 사랑임을 강조하고 타인을 판단하기를 삼가면서 남부 독일에서 큰 영향력을 행사하게 되었다. 1526년 여름, 한스 후트Hans Hut[13]에게 세례를 베푼 뎅크는 훗날 전염병으로 운명을 달리했다. 후트는 매우 열정적이고 유능한 아나뱁티스트 선교사였다. 그는 오스트리아 전역

---

11 부록 1을 보라.

12 부록 1을 보라.

13 부록 1을 보라.

에서 아나뱁티스트 교회들이 성장하도록 이끌었다. 그는 설교를 하고 회심자에게 세례를 베풀고, 즉시로 다른 사람에게 복음을 전할 수 있도록 선교사들을 훈련시켰다. 많은 '전도자들'이 순교를 당했지만, 그럴수록 아나뱁티즘은 더욱 빠르게 성장해 나갔다.

또한 후트의 활동은 모라비아 지역에서 공동체 중심의 아나뱁티즘을 촉발했다. 1528년, 리히텐슈타인Liechtenstein 지역의 영주들에게 토지권을 인정받지 못하게 된 아나뱁티스트들이 함께 일하고 제자가 되어 예배하는 공동체를 만들기 위해 자신들의 자원과 재산을 모두 모으기로 결정했다. 야코프 후터Jacob Hutter 는 이들의 초기 지도자였다. 그는 7년 동안 티롤 지역 합스부르크Habsburg의 박해를 피해 안전한 모라비아로 아나뱁티스트들을 도피시킨 사람이었다. 그는 1536년 인스브루크Innsbruck에서 화형을 당했다. 후터라이트 공동체는 상대적으로 박해가 덜한 모라비아에서 세력을 키워 유럽 각지로 수많은 선교사들을 보낼 수 있었다. 이들 중 한 사람인 페테르 리데만Peter Riedemann[14]의 활동에 대해서는 다음 장에서 다룰 것이다.

곧 아나뱁티즘은 여러 지역으로 빠르게 번져 나갔다. 1529년, 루터교 설교자였던 멜히오르 호프만Melchior Hoffmann은 스트라스부르Strassburg에 와서 처음으로 아나뱁티스트들을 만나게 되었다.

---

14 부록 1을 보라.

자신이 추구하던 것을 아나뱁티즘에서 발견한 호프만은 곧바로 아나뱁티스트가 되었다. 이듬해 그는 완전히 다른 시각을 가지고 스트라스부르를 떠나 북부 독일과 네덜란드로 갔다. 호프만도 후트처럼 아주 열정적인 설교가였으며, 수많은 회심자들에게 세례를 주었다. 호프만의 활동 덕택에 네덜란드에 비옥한 영적 토양이 마련되었으며, 그를 따르는 수많은 사람들을 멜히오라이트Melchiorites라고 부르게 되었다.[15]

호프만은 그리스도께서 왕으로 통치하시게 되는 천년왕국과 재림이라는 미래의 사건들에 특히 관심을 보였다. 그는 과연 예수의 재림이 어디로 임할 것인가를 알고자 노력했고, 스트라스부르가 새 예루살렘이 될 것이라고 굳게 믿었다. 이러한 이유 때문에 그는 1533년 스트라스부르로 돌아갔으며, 체포되어 투옥되는 것도 마다하지 않았다. 그는 자신의 투옥이 인류 역사의 마지막 사건들 중 하나가 될 것이라고 믿었다. 그러나 그는 곧바로 죽지 않고 감옥에서 10년을 보낸 뒤 옥사했다.

한편 네덜란드에서는 다른 사람들이 지도력을 발휘하고 있었다. 호프만이 주장하고 꿈꾸었던 미래는 결국 어둡고 슬픈 비극이 되고 말았다. 독일 노르트라인베스트팔렌 주에 있는 뮌스터는 당시 루터교 도시였는데, 베른하르트 로트만Bernhard Rothmann의 설교를 통해 1535년 초에 아나뱁티스트 도시로 변모했다. 암스테

---

15   Cornelius Krahn, *Dutch Anabaptism* (The Hague: Nijhoff, 1968) 제3장을 보라.

르담에 있던 아나뱁티스트들이 이러한 사실을 알고, 뮌스터로 모여들었다. 그들은 호프만이 이야기한 새 예루살렘이 스트라스부르가 아닌 뮌스터라고 믿기 시작했다. 은사주의 지도자인 얀 마테이스Jan Matthijs와 얀 반 레이덴Jan van Leyden이 뮌스터를 장악하고 폭력을 도구로 사용하기에 이르렀다.[16] 폭력 사용으로의 전환은, 좀처럼 사그라들지 않는 끔찍한 박해를 더 이상 참을 수 없어 무력을 통해 외부의 위협에 대응한 것이었을 뿐만 아니라, 새 예루살렘을 세운다는 명목 아래 구약의 모델로 퇴행한 것이었다.

뮌스터가 이렇게 변하자, 뮌스터를 통치하던 주교 겸 제후는 놀라서 곧 군사를 동원하여 뮌스터를 포위하기에 이르렀다. 뮌스터가 완전히 포위되기 전, 그리스도의 다시 오심과 그의 왕 되심을 준비하기 위해 네덜란드 전역에서 수천 명의 아나뱁티스트들이 뮌스터에 모여 있었다. 그러나 그들은 그리스도의 통치를 목격하는 대신, 얀 반 레이덴이 독재적으로 뮌스터를 장악한 것을 보게 되었다. 결국 뮌스터는 철저하게 봉쇄되었고, 주민들은 끔찍한 고통을 겪다가 마침내 1535년 6월 모두 살육되었다.

뮌스터의 비극은 아나뱁티스트들에게 너무나 큰 재앙이었다. 이제 그들을 박해하는 사람들은 아나뱁티스트들이 비폭력을 주장했는데도 불구하고 그 누구보다도 더 폭력적이라고 생각하게 되었다. 당국은 박해야말로 폭력을 애초에 근절시키기 위한 유일

---

16 위의 책, 제5장을 보라.

한 방법이라고 확신했다.

한편 아나뱁티스트들은 뮌스터를 끔찍한 복음의 변절이요 타락이라고 여겼다. 그리고 단호하게 폭력으로부터 등을 돌렸다. 이 사건을 계기로 폭력적 아나뱁티즘을 정리하고 비폭력 아나뱁티스트 운동을 펼친 중요한 인물이 바로 가톨릭 사제였던 메노 시몬스Menno Simons[17]였다. 그는 정신적으로 올곧은 자세로 여러 회중들을 세우는 일에 앞장섰고, 예수 그리스도를 온전히 따르고자 하는 사람들만으로 구성된 교회를 만들기 위해 열심히 일했다. 그의 회중들은 암스테르담에서부터 단치히Danzig에 이르기까지, 그리고 쾰른Köln에서부터 북해North Sea에 이르기까지 폭넓게 흩어져 있었다. 그는 엄청난 현상금이 걸린 수배자였으며, 수배를 받아 약 25년 동안 각지를 떠도는 상황에서도 회중을 세우는 일을 멈추지 않았다. 그는 1561년에 사망했다. 사후 17년이 지나서야 네덜란드는 그에게 관용을 보였다.

필그람 마르펙Pilgram Marpeck[18]은 메노와 동시대 사람이었다. 그의 활동 영역은 뎅크와 후트가 기초를 놓았던 남부 독일과 스위스였다. 뎅크와 후트는 1527년에 사망했다. 마르펙은 1528년 티롤을 떠나 스트라스부르로 갔다. 그는 알자스Alsace, 뷔르템베르크Württemberg, 모라비아 지역의 아나뱁티스트들의 지도자로 알려

17　부록 1을 보라.
18　부록 1을 보라.

지게 되었다. 그는 교회의 연합에 열정적으로 헌신했고, 특히 그 레벨을 따르던 스위스 형제단과 남부 독일의 아나뱁티스트들 사이에 존재했던 분열을 없애는 데 공헌했다. 마르펙은 실수를 저지른 사람들을 너무나 성급하게 판단하여 법적으로 출교시키는 교회 방침에 적극 반대했다. 교회의 규율을 실행하는 과정에서 사랑의 탁월함과 인내의 필요성을 적극 강조한 것은 뎅크의 영향을 반영한 것이었다. 1556년 마르펙도 메노처럼 자연사로 인생을 마감했다.[19]

네덜란드와는 대조적으로 남부 독일, 스위스, 모라비아에서는 몇 세기 동안 관용이 베풀어지지 않았다. 따라서 실제 남부 독일에서 사라지게 된 아나뱁티즘은 오스트리아에서도 무력에 의해 완전히 사라지게 되었다. 스위스에서는 고립된 채 생존할 수 있었으나, 이 또한 철저하게 제한되었다. 후터라이트들은 십자가의 고된 대가를 치르고 난 뒤 1590년까지 잠깐 동안 상대적으로 온건한 대우를 받았다. 결국 그들은 우크라이나에서 추방되었고, 미국으로 생존의 터전을 옮기게 되었다.

아나뱁티즘이 겪은 박해는 1660년 네덜란드에서 처음 출판된 《순교자의 거울 Martyrs Mirror》(우리나라에서는 2005년에 생명의 서신에

---

19 마르펙에 대한 방대한 자료는 William Klassen, *Covenant and Community* (Grand Rapids: Eerdmans, 1968)를 보고, 그의 생애와 업적에 대한 훌륭한 요약집을 위해서는 Harold S. Bender, "Pilgram Marpeck, Anabaptist theologian and Civil Engineer," *Mennonite Quarterly Review*, XXXVIII (July, 1964), pp. 230-265을 보라.

서 출간되었다.―옮긴이)에 생생하게 기록되어 있다. 이 책에는 초대 교회와 성서의 역사라는 맥락에서 쓴 아나뱁티스트 순교자들의 이야기가 실려 있다. 순교자들의 죽음에 대한 상세한 이야기뿐만 아니라, 순교자들과 박해자들이 나누었던 긴 대화들, 그들의 신앙 고백과 편지들도 수록되어 있다. 이 책은 아나뱁티즘이 말 그대로 피로 세례를 받았음을 분명하게 보여 주고 있다. 몇 세기 동안,《순교자의 거울》은 메노나이트 가정에서 성서 다음으로 귀하게 여긴 책 중의 하나이다.

1850년대가 시작되면서, 역사가들은 아나뱁티즘의 역사와 신앙에 관련된 문헌들을 찾아 나서게 되었다. 이때 발견된 문헌들이 바로 뎅크와 마르펙 같은 사람들이 쓴 신앙 고백서와 그들의 믿음을 상세하게 기술해 놓은 책들이었다. 이러한 문헌들이 발견됨과 동시에 수많은 기록들이 쏟아져 나왔다. 아나뱁티스트 사건들을 다루었던 수많은 재판 기록과 회의록, 편지들이 출판되었고, 이를 통해 아나뱁티즘의 진면목이 더욱 분명하게 드러났다. 이 책의 처음 6개 장章은 이 기록들을 근거로 나온 것이다. 이 기록들은 이 운동의 면면을 다소간 드러내 줄 것이다.

사실상 사용된 문헌들은 초기 아나뱁티즘의 모든 단면들을 엮은 것이다. 물론 자료에는 나름대로의 한계가 있다. 자료들이 항상 모든 아나뱁티스트들을 언급하는 것은 아니기 때문이다. 때때로 그들은 소수의 입장을 대변하고 있어서 그들의 관점을 전체의 것이라 여길 수 없다. 그렇다 하더라도 이 자료들은 아나뱁티스트들이 작성한 것이므로 아나뱁티즘의 특성을 잘 보여 주고 있다. 또한 저자들의 능력이 얼마나 인간적이며 다양한지, 그 전통이 얼마나 풍부하고 다채로운 모습을 띠고 있는지를 증명해 주고 있다.

이어지는 5개의 장章에서 우리는 급진적(radical, '근원적, 진보적, 근본적, 철저한, 급진적' 등 다양하게 번역이 가능한 핵심 단어다. 아나뱁티즘을 수식하는 형용사로, 당시나 현시대의 맥락에서 '급진적'이라는 번역이 가장 적절하여 이를 채택했다.ㅡ옮긴이)이란 용어를 아나뱁티즘을 설명하는 수식어로 자주 사용할 것이다. 이 용어는 이미 오래전부터 이 운동의 성격을 설명하기 위해 사용되어 왔으며, 전혀 새로운 것이 아니다. 하버드 대학교의 저명한 역사학자인 조지 윌리엄스George H. Williams 는《급진적 개혁The Radical Reformation》[20]이라는 책 제목으로 이 용어를 사용했다. 그러나 최근(이 책이 원래 1969년에 처음 발표되었음을 감안해야 한다.ㅡ옮긴이)에 '급진적'이란 용어는 아주 친근한 용어가 되었고, 그래서 이 책에서 이 용어를 사용하기 전에 용어의 의미에 대해 설명하는 것이 순서일 것이다.

radical, 즉 '급진적'이라는 단어는 '라딕스radix'라는 라틴어근을 갖고 있다. 일반적인 추측과는 반대로, '급진적'이란 말은 그 의미

20 　웨스트민스터 출판사에서 출간된 이 책은 16세기에 있었던 아나뱁티즘과 다른 급진적인 운동에 관한 가장 포괄적인 작품이다. 3분의 1을 증보한 확장판은 1992년 Sixteenth Century Journal Publishers에서 출간되었다.

상 이렇다 할 합의나 통일성이 없다. 그래서 그것은 순전히 상대적일 뿐이다. 그래서 사람들이 항상 "무엇에 대해 급진적이란 말인가?" 하고 물을 정도이다. 자유주의처럼 정치적인 관점에서 처음에는 급진적이라고 여겨졌던 것도 이제는 그저 어디에서나 볼 수 있는 것이 되기도 하며, 어떤 사회에서는 아예 희망이 없는 보수주의와 동의어로 사용되기도 한다. 어떤 사람에게는 제법 급진적인 것이 또 다른 사람에게는 보수적인 것으로 보일 수도 있다. 이 책에서 아나뱁티즘을 설명하기 위해 사용한 '급진적'이라는 형용사는 그 사용 영역이 교회의 개혁이기 때문에, 의식적으로나 의도적으로 원시적인 교회 모델을 추구하는 모습을 지칭한다. 그것이 의미하는 바는 '근본으로 돌아간다(Back to the Sources)', 즉 신약 성서가 말하는 기독교의 원뿌리로 돌아가는 것을 말한다. 그래서 이 책은 325년과 1525년 사이에 일어난 교회의 역사는 대부분 잘못된 것이라는 가정을 전제로 하고 있다.

그러므로 역사적 의미에서 아나뱁티즘과 아나뱁티스트들은 급진적이다. 그러나 이 '급진적'이라는 용어를 아나뱁티즘에 사용할 때, 그 의미는 훨씬 더 깊은 뜻을 갖는다. 아나뱁티스트들이 급진적인 것은 단순히 그들이 더 성서적이기 때문이 아니라, 그들이 살았던 시대에 사람들이 갖고 있었던 종교적인 기본 전제들에 대해 철저하고 급진적이고 근거가 확실한 비평을 통해 성서 말씀에 귀를 기울였기 때문이다. 그러므로 급진적이라는 용어에는 이 두 가지 의미가 다 함축되어 있음을 염두에 두어야 할 것이다. 그리고 이 용어를 사용할 때, 우리가 현재 우리 문화에서 이해하고 있는 단어의 색깔, 즉 위험스럽고, 혁명적이고, 파괴적이고, 무책임하고, 신뢰할 수 없고, 부도덕하다는 여러 가지 의미를 가지고 이해해서는 안 될 것이다. 사실 이 용어는 16세기에 이미 존재하고 있던 교회와 정부의 질서와 명령을 대변하는 모습으로 아나뱁티스트들에게 사용되었다. 때때로 이 용어가 아나뱁티즘에 정당성을 부여해 주기도 했다.

어쨌든 아나뱁티스트들은 위험한 사람들이었다. 교회와 정부를 바라보는 그들의 시각은 지위를 갖고 있던 사람들과 정부 당국의 후원을 받는 사람들, 그리고 다수의 대중들에게 어마어마한 도전이었다. 그들은 가히 혁명적이지만 아무런 대안 없이 파괴적이고 무책임한 태도를 가진 사람들은 아니었다. 오히려 그들은 비폭력 방식을 추구하고 하나님의 뜻을 대변하는 모습으로 상황을 변화시키는 사람들이었다. 그들은 잘 훈련된 새로운 공동체를 세움으로써 이러한 일을 이루어 나갔다.

교회 권위자들과 국가 정부라는 우월주의적 입장에서는, 아나뱁티스트들의 거룩하고 신성한 도전은 실제로 파괴적이고 무책임하고 신뢰할 수 없고 부도덕해 보였다. 봉건 질서를 유지하기 원했든 원하지 않았든, 근본적인 변화를 원했든 원하지 않았든, 그들이 반응했던 유일한 방법은 순종을 이루는 것이었다.

이 책에서 설명하는 아나뱁티스트의 입장은 내가 폭넓게 정의한 것 중 하나이다. 그러나 이러한 입장이 16세기에 살았던 모든 사람들이 도덕적으로 문제가 있다거나 종교적으로 열등했다는 것을 의미하지 않는다. 다른 입장들 또한 나름대로 내부적 논리와 통일성을 갖고 있음을 인정해야 할 것이다. 그리고 궁극적으로 우리가 기억해야 할 것은, 하나님께서는 사람들이 갖고 있는 신학으로 그들을 판단하지 않으시고, 자신을 드러내는 태도와 행동으로 판단하신다는 사실이다.

급진적 종교:
아나뱁티즘과 신성불가침

2

아마도 프리츠 블랑케Fritz Blanke가 언급했듯이, 아나뱁티스트 관련 문헌들 중에서 가장 '급진적'인 것은 자유 교회 전통의 최초 문서인, 콘라트 그레벨과 그의 추종자들이 토마스 뮌처Thomas Müntzer 에게 보낸 편지[21]가 아닌가 한다. 루터교의 설교가였던 뮌처는 급진적인 개혁가로 전향하여 농민혁명을 일으킨 지도자였다. 이 편지는 아나뱁티스트 공동체가 실제로 탄생하기 4개월 전인 1524년 9월에 작성되었다. 이 편지에는 그들의 관심과 신념을 지지해 줄 만한 사람들의 공감과 감정적 후원을 얻어 내고자 하는 내용이 들어 있다.

---

21 *Spiritual and Anabaptist Writers*, ed. G. H. Williams and A. M. Mergal (Philadelphia, Westminster, 1957), pp. 73-85. 이후부터는 *SAW*로 표기.

이 편지를 자유 교회의 시작을 알리는 첫 문서라고 보는 것은 정확한 것 같다. 그러나 이 편지가 자유 교회 시작을 알리는 문서라는 것보다 훨씬 중요한 역사적 사실이 있다. 그것은 이 편지가 단지 교회와 국가의 절대적인 권위가 요구하는 내용을 거절했을 뿐만 아니라, 이 국가와 교회의 권력자들이 발전시키고자 하는 아주 중요한 기반을 공격했다는 사실이다. 실제로 이 편지는 예언적 종교의 새로운 시작을 알리는 선언서가 되었다. 이 편지의 주요 내용은 복음서에서 예수께서 하신 말씀과, 법에 관한 사도 바울의 설명과, 정의와 사랑과 자비를 요구했던 하나님의 요청과, 종교적 관습과 의례에 대한 구약의 말씀이었다. 이 문서는 예수 그리스도 이전에 몇 세기 동안 제기되어 온 오래된 질문을 강조했다. "하나님을 거룩하게 하는 것은 무엇이며, 사람들에게 요구되는 것이 무엇인가?" 하는 질문이었다. 그들은 이 질문에 대한 반응으로 성서적인 답을 제시했다.

아나뱁티즘은 거룩함과 신성불가침이 특별한 용어 사용이나, 물질이나, 사람이나, 절기에 있는 것이 아님을 만장일치로 증명했다. 그레벨의 편지가 이를 드러내 준 좋은 예가 되었다. 그레벨과 그의 추종자들은 거룩함에 대한 이해로 수십 세기 동안 (그리고 오늘날 서구 기독교가 여전히 붙들고 있는) 기독교의 견해로 자리해 왔던 신성불가침에 대한 오해들을 일언지하에 거절했다. 이 점에서 그들은 함께 성서를 공부했던 울리히 츠빙글리의 입장을 따랐다.

우선, 아나뱁티스트들에게 거룩한 말씀은 없다. 이에 대한 논쟁은 "그리스도께서 세우시고 시행하도록 기초한 교제의 만찬"과 더불어 시작되었다(#10).[22] 최후의 만찬을 위해 사용할 말씀은 복음서의 말씀과 고린도전서의 말씀을 우선해야 한다고 설명했다. 가톨릭교회도 복음서의 말씀을 사용하기 때문에 오해가 없도록 말씀의 기능이 분명히 설명되어야만 했다. 그 말씀은 제도적 말씀이지 성별聖別된 말씀은 아니다. 그레벨과 그의 추종자들은 가톨릭교회에서 미사를 드리면서 성장했다. 일반적으로 사람들은 사제가 "이것은 내 몸이라(Hoc est corpus meum)"라는 말씀을 읊조릴 때, 빵과 포도주가 예수의 살과 피로 변화된다고 믿었다. 이때 말씀의 기능은 거룩하게 하는 것이었다. 즉, 그 말씀이 빵과 포도주를 거룩하게 만들어 준다고 믿었다. 많은 사람들은 사제들이 말씀을 읊조리는 순간 그들 마음에 어떤 마술적 기능이 일어난다고 믿었다. 그레벨과 그의 추종자들은 이러한 것으로부터 자신들을 완전히 분리시키길 원했다. 그런 까닭에 그들은 말씀의 신성화를 거부하고, 단순히 주의 만찬 예식을 거행하는 말로서만 받아들였다.

아나뱁티스트들에게 신성하게 여겨지는 것들은 없다. 그들은 빵은 단지 빵일 뿐이라는 사실만 강조했다(#16). 그러므로 그들은 주의 만찬을 위해 평범한 빵을 사용했고, 그동안 거룩한 것으로 여

---

22   이제부터 괄호 안에 있는 번호는 그레벨이 사용했던 고유 번호를 의미한다.

겼던 빵을 평범하게 다루었다. 그러나 가톨릭교회는 주의 만찬을 시행할 때 사용되는 빵 자체가 거룩한 것이라고 강조했다. 그래서 미사를 위해 별도의 빵을 특별히 준비했다. 그리고 그 빵은 항상 사제에 의해 거룩한 것으로 다루어졌다. 사제들은 특별히 구별된 사람으로 거룩하게 구별된 포도주를 마셨다. 그러면서 사제들은 "평범한 음료를 담는 그릇에 성찬을 담을 수 없다."라고 주장했다.

아나뱁티스트들에게 거룩한 장소는 없다. 최후의 만찬을 위한 글에서 그들은 "성전이라는 용어를 사용하지 않았다." 왜 사용하지 않았을까? 이 점에 관해서 후터라이트의 지도자였던 페테르 리데만이 1542년에 기록한 글을 살펴보자.

돌과 나무로 지은 건물을 생각해 볼 때, 이러한 것들은 여러 가지 역사가 보여 주는 바와 같이, 국가가 기독교 신앙을 고백하도록 하기 위해 무력을 사용했다는 것을 알 수 있다. 뿐만 아니라, 사람들은 그들의 신들을 모시기 위해 신전을 지었고, 그런 잘못된 방식으로 그리스도인들이 모이는 건물을 '교회'로 만들었다. 이와 같이 그들은 악마에 의해 선동되었고 악마들에게 희생을 드리기 위해 건물을 지었다. (…) 물론 이러한 것은 하나님의 뜻이 아니다. 왜냐하면 그리스도가 벨리알과 함께 교제할 수 없기 때문이다. 그러므로 구약에 명령하신 것처럼 이러한 장소를 파괴하고 무너뜨려야 하며, 이러한 장소에서 교제를 해서는 안 되었다. 하나님은 장소를 변화시켜 거룩하게 하라고 말씀하신 곳이 없다. 오히려 그런 장소를 폐하라고 하셨다.

그러나 사람들은 이 말씀을 따르지 않고 세상에 뿌리를 두고 있기 때문에, 그들은 단순히 이방인의 행실을 시행할 뿐만 아니라, 장소를 올바로 사용하기를 포기하고 온갖 우상숭배의 모습에 자신들을 바치면서 스스로를 '성인'이라 부르고 우상들을 '신'이라 불렀다. 그들은 세상에 뿌리를 두고 있기 때문에, 신들(또는 성인들)을 위해 집을 짓고 또 지어 그 안에 자신들을 위한 신들과 우상들로 채우고, 스스로 아버지들의 자녀들이 되었다고 과시하고 제대로 된 교제를 할 수 없도록 만들었다.[23]

위의 내용은 그레벨의 설명이 아니지만, 그가 느꼈던 감상을 정확하게 반영하고 있다.

편지에 만찬을 위해 모일 장소에 관하여 긍정적으로 기록하지 않았다고 하더라도, 우리는 그들이 자신들의 집에서 주의 만찬을 나누었다는 사실을 잘 알고 있다. 교회 안에서 주의 만찬을 나누는 것이 마치 다른 장소에서 만찬을 나누는 것보다 훨씬 유효하다고 여기거나 그렇게 행하는 것은 거짓 숭배나 다름이 없다.

---

23 *Confession of Faith* (Hodder and Stoughton, 1950), pp. 94-95. 이후부터는 *Confession* 으로 표기.

#22에 따르면 "주의 만찬은 가능한 한 자주, 가능한 한 많이 행해야 한다."라고 기록하고 있다. 어쩌면 이것은 종교적 행위를 더 강화하는 것이 아닌가 하는 염려를 낳을 수도 있다. 그러나 이것은 1215년의 중요한 교회 회의가 결정한 내용, 즉 모든 신자들이 최소한 1년에 한 번은 만찬을 나누도록 법제화한 역사적 맥락 속에서 살펴보아야만 한다. 1년에 한 번 주의 만찬을 나누는 단순한 행위는 신자들에게 너무나 최소화된 것이지만, 거룩하게 여기기에는 충분한 예식이었다. 그러나 아나뱁티스트들에게 주의 만찬은 '미사나 성례전'이 아니라 함께 음식을 나누는 교제의 식사이기 때문에 가능한 한 자주 해야만 했다(#20).

또한 아나뱁티스트들에게는 특별하게 여길 거룩한 사람이 없다. "회중과 구별된 성례 집전자"(#27)는 말씀을 분명하게 선포해야만 했다. 또한 '사제복이나 가운'을 입지 않고 평범하게 회중을 섬겨야만 했다(#24). 실제로 그들은 뮌처에게 "우리는 당신에게 행정적 통제를 받을 필요가 없다. 단지 몇 사람만 참여하더라도 미사는 시작된다."(#20)라는 글을 써 보냈다. 가톨릭교회에서는 포도주를 평신도가 다루면 안 될 정도로 귀하게 여겼다. 거룩한 포도주를 쏟기라도 하면 안 되기 때문이었다. 그러므로 특별히 성별된 사람, 즉 사제들만이 포도주를 마실 수 있었다. 그레벨과 그의 추종자들은 이러한 분리된 실행 예식에 사람들을 참여하지 못하게 하면, 사람들이 그것을 더 거룩하게 여길지도 모른다고 염려하기도

했다. 그런 까닭에 그들은 "그러므로 아무도 그것을 홀로 받아서는 안 된다."라고 기록했다(#20). 어떤 사람들이 다른 사람들보다 거룩하다는 생각을 거부한 것은 미하엘 자틀러Michael Sattler의 최후 진술에도 잘 드러나 있다. #5에서 자틀러는 그 누구도 다른 어떤 사람보다 더 거룩할 수는 없다고 기록했다. 그리스도께 속한 사람들은 모두가 성도들이다. 그리고 그리스도와 함께하는 사람들은 모두 다 축복받은 사람들이다.[24] 내용을 요약하자면, 회중에게 동의를 얻은 사람이라면 누구든지 빵과 포도주를 다룰 수 있으며, 이는 그리스도를 믿는 사람이라면 누구든지 성인이기 때문이다. 자틀러는 수도원의 고상한 맹세를 깨뜨리게 되었다면서 자신을 변호하는 #7에서 이 점을 다루고 있다. 가톨릭교회에서는 사제와 같이 수사들이 결혼을 포기했기 때문에 부분적으로 거룩한 사람들이라고 여기고 있다. 자틀러는 결혼이 사람을 깨끗하지 못하게 하여 하나님을 섬기는 데 적합하지 않다거나, 결혼한 남자가 하나님이 원하시는 종이 되기에 거룩하지 못하다는 생각을 받아들일 수 없었다.[25] 그러므로 그는 일부 그리스도인들이 다른 사람들보다 더 성스럽다는 생각을 철저하게 부정했다.

마지막으로 그들은 시간이 거룩하다는 생각도 거부했다. 그레벨과 그의 추종자들은 이 부분에 대해 직접 언급을 하지 않았다(#25

24　*SAW*, p. 140.

25　위의 책, p. 141.

에서 이 주제에 대해 언급하지 않았다). 그러나 다른 유명한 아나뱁티스트가 이를 잘 정리했다. 1541년 필그람 마르펙이 스위스 형제들에게 보낸 안식일(일요일)에 관한 글이 그것이다. 스위스 아나뱁티스트들은 일요일에 신체를 사용하는 모든 일을 하지 않는 경향을 보였다. 그러나 마르펙은 그리스도께서는 시간이라는 독재자로부터 자유로운 분이었다고 주장했다.

만약 죽음에 이르기까지 평생 동안 사람이 자신만을 위해 일을 한다면, 그리하여 일밖에 모르는 사람이 된다면, 그는 하나님의 아들이신 예수 그리스도의 안식을 지키지 않는 것이다. 아무런 일을 하지 않는 사람들이나 게으른 사람들도 모두 안식일을 범하는 것이다. 하나님의 아들은 모든 혈과 육을 십자가에 못 박으면서까지 이를 기뻐하셨다. 누구든지 자신을 구원하고자 하는 사람은 죽을 것이요, 누구든지 자기의 목숨을 버리는 자는 생명을 얻을 것이다. 이것이 하나님의 자녀들이 터득한 안식일이며, 그리스도와 더불어 주인이 되어 사는 길이다. 그들의 육체와 피를 위하여, 모든 정욕과 악한 행위는 그리스도 안에서 죽음으로 축하되어야 한다. 이것은 삶을 위한 육체적 노동이 불필요하다고 말하는 것이 아니다. 이러한 노동이 없으면 우리가 먹고 마실 수 없고, 옷을 입을 수도 없다. 일을 함으로써 또는 일을 하지 않음으로써 안식일을 범하는 자는 누구든지 하나님의 백성 안에서 멸망할 것이다.

안식일은 법에 의해 시행되는 것이 아니라, 성령의 자유 안에서 시행되어야 한다. 그러므로 안식일을 기념하는 것은 시간과 형편과 사람을 위해서 참 좋은 일이다. 그러나 하나님을 찬양하는 것도 아니고, 이웃을 사랑하는 모습도 아니라면 참된 안식일을 기념하는 것이 될 수 없다.

그렇지 않다면 사람들은 안식일이라는 시간의 폭군을 받아들이는 셈이다. 예수 그리스도께서는 이미 시간을 이루셨다. 예수께서 하신 것처럼 이제는 우리도 시간을 다스릴 수 있어야만 한다. 만약 우리가 이러한 상태에 머무를 수 있다면, 우리는 실제로 사람이 주님과 함께 온 세상을 다스리는 주인으로 이 땅 위에서 왕국을 시작하게 되는 것이다.

그는 같은 글 후반부에서 더 이상 성인들을 기념하는 날들을 지키지 말아야 한다고 주장했다. 성인은 없기 때문에 그들을 위한 특별한 날도 있을 수 없다. 만약 특별한 날들을 지키라고 사람들에게 강요한다면, "이미 예수 그리스도에 의해 이루어졌고, 그러기에 이제는 우리가 다스려야 할 시간에 의해 다시 사람들이 통제를 받아야 한다."[26]라고 기록했다. 시간에 대한 이러한 관점은 많은 아나뱁티스트들이 기록한 문헌들에서 무수히 반복되어

---

26 *The Writings of Pilgram Marpeck*, ed, W. Klassen and W. Klaassen(Scottdale, Herald Press, 1978), pp. 338-339. 이후부터는 *Marpeck, Writings*로 표기.

나타나고 있다.

이러한 기록에 덧붙여 몇 가지 특별한 예들을 지적하고 있다. 특히 모든 그리스도인들이 신적인 계시라고 간주하는 기독교 신앙에 대해서도 지적했다. 초대 교회 교부 이래 기독교 사상가들에 따르면, 계시의 매개는 교회 자체이다. 그러므로 교회의 일을 담당하는 사람들은 덕에 의해 흠이 없어야 하고, 거룩한 모습을 간직해야 한다. 그리고 교회는 하나님의 성령의 인도하심이라는 덕에 의해 조금의 잘못이라도 있어서는 안 되었다. 그러므로 이러한 맥락에서 교회의 본질과 존재와 가시성은 매우 분명하다. 그러나 아나뱁티스트들은 교회의 성례전을 넘어서 다른 평가 기준을 적용했다. 다음은 메노 시몬스의 말이다.

교황 절대주의자들은 예수 그리스도가 하나님의 아들이며, 그가 우리를 위해 자신의 몸과 피를 주시기까지 희생하셨다는 사실을 가르치고 믿는다. 이것은 두말할 필요도 없는 사실이다. 그러나 이들은 만약 우리가 주의 몸과 피에 참여하기 원하고 그것을 나누려면, 우리가 교황의 말에 순종해야만 하고, 그의 교회에 속해서 미사에 참여해야 하고, 성수를 받아야 하고, 순례의 길을 떠나야만 하고, 주님의 어머니와 이미 죽은 성인들을 불러 기도해야 하고, 1년에 최소한 두 번 고백성사를 해야 하고, 교황 무오설을 받아들여야 하고, 우리 아이들도 세례를 받아야 하고, 축일들을 지켜야 하고, 사순절 기간에 금식을 해야만 한다고 말한다. 사제들은 '순결'한 몸을 지키기 위해 맹세해야만 한다. 그래서 그들은 미사에서 빵을 그리스도의 살이라고 부르며, 포도주를 그리스도의 피라고 부른다.

그리고 불쌍하고 무지몽매한 사람들은 이 모든 것을 가장 거룩한 기독교 신앙이라고 부르고, 기독교의 거룩한 제도라고 부른다. 이러한 것들은 단지 사람들이 만들어 낸 제도일 뿐, 스스로를 의롭게 여기도록 사람을 잘못 인도하며, 영혼을 낚는 공개적 유혹이자 선동이며, 영혼을 공개적으로 기만하는 것이며, 말할 수 없이 게으른 사제들의 생활을 책임져 주는, 저주할 만큼 혐오스럽고, 하나님의 화를 불러일으키고, 창피한 신성모독을 일삼으며, 그리스도의 피를 무가치하게 여기며, 여러 가지 관념을 만들어 내며, 거룩한 하나님의 말씀을 불순종하도록 만드는 것일 뿐이다. 간단히 말해서, 예수 그리스도께서 우리에게 남기지도 않고 명령하지도 않은 무례한 거짓 종교와 공개적 우상숭배인 것이다.

그리고 그들은 아직도 이러한 것으로 충분하지 않은지 끝없이 혐오스러운 일을 지속하고 있다. 더 나아가 그들은 하나님의 아들이 명령하신 믿음의 참된 열매들을 모두 쓸모없고 헛된 것이라 경멸하고 있다. 하나님의 아들이 명령하신 믿음의 참된 열매는 진실하고 순수한 사랑, 하나님을 경외하는 것, 우리의 이웃들을 사랑하고 섬기는 것, 그리고 참된 성례전과 예배이다.[27]

---

27 *Complete Writings of Menno Simons*, ed. J. C. Wenger (Scottdale: Herald Press,

이 글에서 메노는 마치 구약 성서의 예언자들처럼 거룩함에 대한 요구가 얼마나 많고 크든지 간에 그것이 하나님과 이웃을 향한 진정한 사랑의 모습으로 표현되지 않는다면 가증스러운 행위일 뿐이라고 분명히 말하고 있다. 사랑과 진리를 떠나 있는 거룩함은 사기요, 기만이요, 거짓이다. 그러므로 아나뱁티스트들에게 가톨릭교회의 제도는 진실한 거룩함이 부족하기 때문에 하나님의 계시의 운반자로서는 적절하지 않았다.

교회 내 계시는 성서라는 특별한 매개를 통해 이루어진다. 성서는 가톨릭교회의 중심에 위치하며, 루터는 성서를 교회의 전통이나 그 무엇보다도 높은 최고의 권위로 격상시켰다. 그러나 몇몇 아나뱁티스트들은 성서를 지나치게 높이 평가한다고 여겼다. 이들은 프로테스탄트들이 성서를 맹목적인 숭배의 대상으로 만들었고, 다른 모든 것들을 제외시키고 인류를 구원하시려는 신적인 구원 한 가지에만 집중하도록 만들었다고 보았다. 한스 뎅크는 이 땅 위에 있는 모든 보물보다도 성서를 중요하게 여겼다. 그러나 그는 다음과 같이 기록했다. "성서를 존중하는 것은 중요하고 좋은 일이지만, 성서가 구원을 이루어 주는 것은 아니다. 그이유는, 비록 사람이 많이 배웠다고 할지라도 성서가 그 악한 마음을 선하게 만들어 주지는 않기 때문이다. 실제로 하나님의 열심에 의해 참다운 불꽃이 일어난 경건한 마음은 모든 것을 통해 좋

1956), pp. 332-333. 이후부터는 *CW*로 표기.

아질 것이다."[28]

　두말할 필요도 없이 뎅크에게 성서는 너무나도 중요한 것이었다. 그러나 그는 성서가 하나님의 말씀을 증거하는 자료일 뿐이지 그것이 궁극적으로 모든 것을 이루어 주지는 않는다고 여겼다. 이러한 이유 때문에, 올바른 영을 가진 사람은 성서뿐만 아니라 모든 것을 통해 구원으로 가게 된다고 말한 것이다. 그러므로 성서가 특별한 역할을 한다 할지라도 그 말씀 자체가 거룩하고 성스러운 것은 아니다. 여기에서 덧붙이고 싶은 것은, 성서에 대한 이러한 관점이 아나뱁티즘의 지지를 받기는 했지만, 모든 사람이 이러한 관점을 가진 것은 아니었다는 점이다.

　특별하게 성화된 사람, 장소, 물건들만이 인간을 하나님과 만날 수 있도록 해준다는 개념을 아나뱁티스트들이 얼마나 철저히 거부했는지는 알 수 없다. 그리고 모든 사람들이 이러한 급진적인 입장과 그로 인한 결과들을 쉽게 받아들일 준비가 되어 있었는지는 의문의 여지가 있다. 그러나 그들은 거룩함과 성화의 실재에 대해서는 조금의 의심도 없었다. 왜냐하면 하나님이 거룩하시기 때문이다. 그러기에 하나님의 일도 거룩하고, 교회도 거룩하다. 그들도 종종 거룩함에 대해 말을 한다. 그러나 그들이 거룩함에 대해 말할 때, 예언자적인 의미 안에서 본질적으로 개인적

28　*Hans Denck: Schriften II*, ed. W. Fellman(Gütersloh: Bertelsmann Verlag, 1956), p. 106.(번역과 이탤릭체는 저자가 넣은 것이다.)

이며 윤리적이었다. 예수 안에서 하나님은 그에게 헌신한 모든 사람들과 모든 장소들, 모든 물건들, 시간과 언어까지도 거룩하게 하신다.

특별히 네덜란드의 아나뱁티스트들에게서 성육신을 강조하는 성향이 생겨났다. 만약 하나님께서 인간이 되셨다면, 그것은 하나님과 인간이 서로 그렇게 멀리 있지 않다는 의미이다. 만약 하나님께서 인간이 되셨다면, 그것은 하나님의 은혜로 말미암아 다소간 인간이 신처럼 될 수 있음을 의미하는 것이다. 아나뱁티스트들의 주장은, 신자들이 하나님의 거룩함을 따라 거룩해질 수 있다는 것이다. 이것은 펠라기우스주의자들이 말하는 완전주의를 표방하는 것이 아니라 인간이 되신 하나님이라는 기독론에 근거한 것이다. 믿음을 가진 사람은 점차로 성령의 활동과 능력에 의해 예수의 형상을 닮아 감으로써 하나님의 거룩한 모습으로 변화되어야 한다. 이것이 일상을 살아가면서 생활 속에서 볼 수 있는 성화이다. 그러므로 선한 일은 결과이며 동시에 거룩하게 되어 간다는 증거이다.[29]

그들은 예수의 권위로 세례식과 주의 만찬을 축하하고 기념해야 한다고 주장했다. 이러한 의식들이 성스러운 기능을 하거나 성스러운 의식이라서가 아니라, 공동체 안에서 그들의 특정한 역

29　W. E. Keeney, *Dutch Anabaptist Thought and Practice 1539-1564* (Nieuwkoop: De Graaf, 1968), pp. 98-99.

할을 한다는 측면에서 중요하다. 세례는 개인적인 의미를 중요하게 여기는 것이 아니라, 그리스도의 죽음이라는 덕에 의해 변화된 인생을 상징한다. 그들은 그 누구도 그리스도께서 말씀하신 매고 푸는 규칙이 없이 세례를 주면 안 된다(마태복음 18:15~22)는 사실을 거듭 강조했다. 이것이 의미하는 것은 기본적으로 세례를 받는 사람이 공동체의 규율에 자신을 복종시켜야 한다는 것이었다. 그것은 죄의 문제를 새로운 구원의 방식을 따라 공동체에서 다루기로 작정하며, 이를 기꺼이 따를 준비가 되었다는 선언이다. 이것은 단순히 그리스도의 말씀에 복종하는 새로운 삶을 살겠다는 헌신일 뿐만 아니라, 그렇게 하기 위해 의도적으로 도움을 주고받겠다는 언약 사항에 동의하는 것이기도 하다.

주의 만찬은 '교제의 식탁'으로 시작된 것으로 설명한다(#10). 그것은 (아마도 감정 또는 예배의 분위기와 같은) '외부적인 거룩함'뿐만 아니라 '빵을 거룩하게 여기'거나 '포도주를 숭배'하는 것과는 아무런 상관이 없다. '주의 만찬에 대한 진실한 이해와 판단'은 그것이 '그리스도와 형제자매들이 하나'가 된다는 것일 뿐이다. 단순한 빵이라도 만약 형제자매들의 믿음과 사랑이 전제가 된다면, 주의 만찬은 기쁨으로 함께 받을 만한 것이며, 그런 까닭에 교회에서 이를 시행할 때에는 우리가 진실로 한 덩어리의 빵과 같이 한몸임을 보여 주어야만 한다. 그리고 우리가 서로 진정한 형제와 자매들이 되어야 한다. 더 나아가 주의 만찬은 "머리이신 그리스도와 지체로서 그를 따르는 형제자매들이 함께 살며, 고통까지도 감수하기로 기꺼이 헌신하는 것"이다(#19).

하나님은 모든 사람이 함께 조화롭게 살기를 원하신다. 울리히 스태들러Ulrich Stadler는 《소중한 가르침*Cherished Instruction*》[30]에서 그리스도의 의식들은 '온 세상을 위한 정책을 입안하는 모습'이어야만 한다고 밝히고 있다. 그러므로 모든 사람이 그리스도를 따르는 것은 아니기 때문에, 이들은 하나님께서 원하시는 공동체를 형성해야 할 것이며, 서로를 위한 진리, 사랑과 도움을 주라는 하나님의 뜻을 따라 살아야 할 것이다. 그러므로 그들은 어떤 특정한 종교적 행동에 참여하는 또 다른 공동체로서가 아니라, 현재 온 인류를 향한 하나님의 뜻을 의식적으로 깨닫기 원하는 사람들의 공동체로서 자신들을 이해한다. 리데만은 교회에 대해 다음과 같은 글을 남겼다.

그리스도의 교회는 진리의 기반이자 본질로서, 어둡고 믿지 못하고 보지 못하는 세상으로 하여금 빛을 보고 생명의 길을 알 수 있도록 비춰 주는 은혜의 빛이자 의로움을 드러내는 등불이다. 그러므로 우선적으로 등불이 빛을 드러내어 밝히는 것처럼 그리스도의 교회는 등불로서 그리스도의 빛으로 충만해 있어야 한다. 그 빛

---

30   *SAW*, p. 278.

은 자신을 통해 사람들에게로 옮겨져야 한다.[31]

예수 그리스도 안에서, 그리고 그를 통하여 이러한 것을 행하는 공동체는 그의 뜻과 목적 안에서 하나님과 연합하는 거룩한 공동체이다. 거룩한 사람에 대한 예언자적 이해[32]로 돌아가서 설명하자면, 아나뱁티즘의 급진적 종교의 중심에는 이러한 것이 놓여 있다. 그들의 시대에 이러한 이해를 가졌던 사람들이 아무도 없었을 것이라고 말하는 것은 잘못이다. 이미 가톨릭뿐만 아니라 프로테스탄트 내에도 이러한 것이 있었다.[33] 그러나 급진적인 개인과 공동체적인 용어들을 사용하며 실천적으로 하나님의 뜻을 발견하고 표현하고자 한 유일한 사람들이 아나뱁티스트들이었다.

---

31   *Confession*, pp. 39-40.

32   이러한 이해는 구약 성서의 위대한 예언자들과 예수 안에서 주로 발견된다.

33   부분적이지만 이러한 생각의 원천으로 간주되는 것으로서, 특히 츠빙글리의 개혁이 이에 해당한다.

급진적 제자도:
아나뱁티즘과 윤리

3

제2장에 이어 제3장에서는, 아나뱁티즘 안에서 발견되는 거룩함과 신성의 개념을 더욱 자세하게 다룰 것이다. 16세기에 살았던 모든 그리스도인처럼 아나뱁티스트들에게 기독교 신앙이란 사람에게 드러난 하나님의 계시였다. 하나님은 믿음의 저자이시고, 예수 그리스도는 그 중재자이다. 한스 뎅크는 성서를 하나님의 말씀이라고 부르기를 거절했다. 진짜 하나님의 말씀이신 예수를 위해 호칭을 남용하지 않기 위해서였다. 아나뱁티즘과 관련하여 우리가 자주 듣는 말이 "예수님이 하나님의 말씀이시다."라는 말이다. 그들이 말하는 예수는 인간 예수로, 살과 피를 가진 사람, 곧 인간으로 오신 하나님이다. 필그람 마르펙은 하나님의 의도를 충분히 알기 위해 예수의 인간성에서 모든 것

을 시작해야 한다고 주장했다.

그러므로 예수의 말씀, 행동, 가르침과 죽음을 설명하는 복음서들은 너무나도 중요하다. 하나님의 사랑과 자비의 표현인 예수의 죽음에 의해 죄가 씻기고 용서가 주어졌다. 이러한 용서를 받은 사람은 그리스도와 함께 영원한 삶을 살게 된다. 인간적인 공로는 영생을 위해 아무것도 이루어 내지 못하며, 하나님 앞에서는 아무것도 아니다. 그리스도 안의 생명은 하나님이 베푸시는 은혜의 선물이다. 이것이 바로 더 이상 의심할 여지가 없는 아나뱁티스트들의 입장이다. 예수 그리스도는 구세주요, 구원은 그를 믿는 믿음이다.

그러나 예수를 구세주savior로 받아들이는 것은 단지 믿음의 시작일 뿐이다. 십자가에 죽으셨던 그 예수, 다시 살아나신 그 예수, 복종하셨던 그 예수, 그리고 겸손하게 자기를 낮추셨던 그 예수를 하나님이 주님Lord으로 만드셨다. 하나님의 권위는 예수 안에서 구체적으로 실현되었고, 하나님은 그에게 모든 것을 거셨다. 여기에는 하나님 외에 어떤 권위도 존재하지 않는다. 영원을 향한 모든 사람의 운명은 예수와 어떠한 관계를 갖는가에 달려 있다. 그러므로 영원을 향한 모든 사람의 운명은 단순히 그리스도께서 흘리신 피에만 의존하는 것이 아니라 '그리스도를 듣는 것'과도 연관이 있다. 이에 대해서 메노 시몬스는《새로운 출생 The New Birth》이라는 책에서 다음과 같이 적고 있다.

어떤 사람들은 다음과 같이 대답할 것이다. 우리의 믿음은 그리스도께서 하나님의 아들이시며, 그의 말씀이 진리이며, 그가 자신의 피와 진리로 우리를 사셨다는 데 기초한다. 세례를 받음으로써 우리는 다시 태어나게 되었고, 성령을 받았다. 그러므로 우리는 그리스도의 참된 교회이며 그의 회중이다.

이에 대해 우리는 이렇게 답변한다. 만약 당신의 믿음이 당신이 말하는 대로라면 왜 예수께서 그의 말씀 안에서 당신에게 명령하신 대로 행하지 않는가? 당신이 예수가 바라고 명령하시는 대로 살지 않기 때문에, 당신이 예수 그리스도가 하나님의 아들이라고 말한다 할지라도, 당신은 결국 그를 믿지 않는다는 사실만을 드러내는 셈이다.[34]

주 그리스도께 드리는 복종은 빠뜨릴 수 없는 신앙의 필수이다. 다음은 믿음에 대한 뎅크의 공식적인 설명이다.

믿음은 하나님께 대한 복종이며 예수 그리스도를 통한 그의 약속을 확신하는 것이다. 이러한 복종이 없다면, 모든 확신은 거짓이며 기만이다. 이러한 복종은 마음과 입술과 행동이 일치되는 것으로 그 진정성이 드러난다. 입술과 행동이 보이지 않는 곳에 진실한 마음이 있을 수는 없기 때문이다.[35]

---

34   *CW*, p. 96.
35   *Hans Denck: Schriften*, p. 107.

그러므로 믿음은 예수 안에서 드러난 하나님의 사랑과 은혜가 확실하다는 것을 믿는 것이며, 그를 따르는 것을 포함한다. 즉, 예수를 따르는 경험이 참된 확신의 증거가 된다. 그리스도는 주님이시다. 그리스도는 구원이 그를 통해서만 가능하기 때문에 주님이실 뿐만 아니라, 그 사람이 어떤 사람이며 어떤 행동을 하는가를 결정해 주시는 분, 즉 하나님을 기쁘시게 하는 삶의 모델이요 모범이 되시기 때문에 주님이시다. "참된 복음주의적 신앙은 그 교리와 예식과 명령과 금지 사항과 그리스도의 완벽한 모범과 모든 능력이 어떻게 드러나는지 보고, 숙고한다."[36] "말씀 및 성령과 함께 그리스도 예수께서 당신의 스승, 모범이 되도록 하며 당신의 길로 거울로 삼으라."[37] 또한 "자신을 그리스도인이라고 자랑하는 사람은 누구든지, 그리스도께서 가셨던 길을 걸어가야만 한다."[38]

수많은 아나뱁티스트들의 기록에서 볼 수 있는 부르심과 소명은 바로 그리스도의 모범을 구체적으로 따라야 한다는 것이다. 사실 진리는 바로 그리스도를 따르는 데에서 찾을 수 있기 때문이다. 한스 후트는 〈세례의 신비 The Mystery of Baptism〉에서 다음과 같이 기술하고 있다.

---

36   *CW*, p. 343.

37   *CW*, p. 96.

38   *CW*, p. 255.

그 누구도 그리스도의 발자취를 따르지 않고 진리에 이를 수 없으며, 고난의 학교를 다니지 않고 진리에 이를 수 없다. 최소한 그러한 사람은 그리스도 십자가의 칭의 안에 있는 하나님의 뜻 안에서 그를 따르기로 선언해야만 한다. 비텐베르크나 파리와 같은 모든 악행의 소굴에 머무르면서 신적인 지혜의 신비를 배울 수 있는 사람은 없기 때문이다.[39]

진리는 원래 추상적이거나 관념적이지 않고 실존적이다. 그것은 생각이나 사상 속에 머무르지 않고 삶으로 드러난다. 그것은 중세 가톨릭의 주요 도시인 파리에서 배울 수 있는 것도 아니고, 새로운 루터교의 도시인 비텐베르크Wittenberg에서 배울 수 있는 것도 아니다. 오히려 그것은 매일의 생활 속에서 그리스도의 발자취를 따르는 데에서 발견된다. 그러므로 배우는 사람은 대학이나 귀족들의 정원이나 주교들의 궁정에 머물러 있어서는 안 된다. 오히려 후트는 "세상의 멸시를 받는 가난한 사람들을 보라. 그리스도와 사도들의 예를 따라 환상을 쫓는 사람들, 무모한 사람들이라 여겨진 사람들을 보라."[40]라고 말했다.

제자도는 교회 내에서뿐만 아니라 교회 밖의 다른 사람들과 제자들이 맺었던 관계를 표현할 때 쓰는 말이다. 제자의 관계는 그

---

39 〈세례의 신비〉는 *Der Linke Flügel der Reformation*, ed. H. Fast(Bremen: Carl Schünemann Verlag, 1962), p. 82을 번역한 것임.

40 위의 책, p. 81.

리스도께서 보여 주셨던 것과 같이 사랑과 진리에 의해 좌우된다. 그리스도께서는 무조건적으로 사랑하고 진실하라고 명령하셨다. 종교나 사회의 상황이라고 해서 예외가 될 수 없다. 교회나 국가의 상황이라고 해서 예외가 될 수 없다. 아마도 종교, 사회, 교회, 국가의 상황이 제자도를 결정하는 요인이 될 수 없다고 생각할지 모른다. 그러나 콘라트 그레벨을 비롯한 수많은 아나뱁티스트들이 불평한 것 중 한 가지가 바로 주이신 예수의 요구를 종교와 사회적 요구, 유행을 따라 적절히 수정하는 것이었다. 그는 "우리 또한 많이 배운 목자(목사)라 칭해지는 사람들에 의해 거절되었다. 모든 사람이 그들을 따라다닌다. 왜냐하면 그들은 죄로 범벅이 된 달콤한 그리스도를 전하기 때문이다."[41]라고 지적했다. 달콤한 그리스도는 참된 제자들이 요구하는 그리스도가 아니다. 사람들은 후트의 '모진 그리스도'에 대해 말하는 것을 싫어한다. 그러나 하나님의 뜻을 철저하게 행하는 사람들은 이러한 그리스도를 만나게 될 것이다.

진실로 그리스도의 요구에 대한 그들의 이해는 종종 그들이 살고 있던 종교적·사회적 질서 및 그 요구와 충돌했다. 그들은 교회의 규율이 말하는 견해 및 방법들을 넘어선 종교적 자유를 주장했다. 가톨릭과 프로테스탄트 교회는 만약 그들이 자신들의 설득에 동의하지 않으면 이 반대자들을 무력으로 다루어야 한다고

---

41   *SAW*, pp. 78-79.

생각했다.

그레벨은 "하나님의 말씀에 의해 가르침을 받은 그러한 사람(불복종의 사람)을 죽이지 말고 믿음이 없는 사람이나 일반 사람처럼 여겨 그냥 내버려 두어야 한다."[42]라고 언급했다. 우리가 어떤 사람을 믿음이 없는 일반 사람으로 여긴다는 것은 하나님의 말씀에 의해 설득되지 않더라도 그 사람을 참수시키는 잘못을 저지르지 않도록 해야 한다는 의미라는 것이 그의 논지이다. 예외가 있겠지만, 16세기 유럽 사람들은 이런 생각이 큰 혼란을 일으킨다고 여겨 받아들이지 않았다.

그러나 아나뱁티스트들에게 이것은 모든 사람을 사랑하라는 주님의 명령을 일관성 있게 실천한 것이자, 하나님의 진리는 인간의 강압을 필요로 하지 않는다는 그들의 확신에 근거한 것이었다. 폭력을 옹호하는 일부 아나뱁티스트를 향한 메노의 말은 평화주의를 옹호하는 다수 아나뱁티스트들의 일반적인 입장을 잘 대변해 주고 있다. "[그리스도인들이] 사람들에게 온유하라고 가르치면서, 어찌 아직도 진리를 알지 못하는 사람들처럼 화난 모습으로 그들을 징계할 수 있는가?"[43] 평화주의 아나뱁티스트들은 박해를 받으면서도 이러한 입장을 고수했다.

전쟁에 참여하지 않는 아나뱁티스트들의 태도는 그들에게 문

---

42   *SAW*, pp. 79-80.

43   *CW*, p. 40.

제를 가져왔다. 상황이 그들에게 강요한다고 할지라도 싸우고 죽이는 것은 사랑의 법에 반대되는 것이었다. 그래서 사람들은 아나뱁티스트들을 기존의 질서를 지키려 하지 않는 신뢰할 수 없는 사람들이라고 생각했다. 전쟁을 목적으로 징수하는 세금을 내지 않는 것도 같은 반응을 불러왔다.[44]

맹세하지 않는 것 또한 신실하지 못한 증거라고 여겨졌다. 많은 아나뱁티스트들이 시민으로서 국가에 충성을 맹세하라고 강요당했다. 그러한 맹세는 국가가 전쟁에 개입할 때 무기를 들고 전쟁에 참여해야 한다는 약속과 밀접한 관련이 있었다. 그래서 그들은 맹세를 하지 않았다. 그 결과, 그들은 시민권을 박탈당하기도 했다. 그들에게 내려진 처벌은 대부분 국외 추방이었다. 이것은 그들의 가정과 재산, 그들이 가지고 있는 모든 것을 잃는다는 것을 의미했다.

그들의 제자도는 재산에 대해 새로운 태도를 갖게 했다. 사람들이 공동체에 들어갈 때, 그들은 가지고 있는 재산을 모두 공동체의 처분에 맡겨야 했다. 개인의 소유물을 공동의 재산처럼 관리할 필요는 없다 하더라도, 다른 사람들과 아무런 상관이 없다는 듯이 자신의 소유물을 자기 마음대로 사용해서는 안 되었다. 1528년, 한 아나뱁티스트 집단이 외부적인 환경 요인의 압박 아래 공동으로 재산 관리를 했던 적이 있다. 이러한 상황에서 울리

---

44 *Confession*, pp. 109-111.

히 스태들러Ulrich Stadler는 인간의 이기심과 재산이 직접적으로 관련되어 있다고 기록했다.[45] 재산에 대한 이러한 관점은 개인에게나 사회적으로나 너무 급진적으로 보였다. 정치적·경제적 기득권자들은 이러한 생각 자체를 두려워했다. 왜냐하면 이러한 생각이 널리 퍼지면, 자신들이 갖고 있는 재산을 잃게 되기 때문이었다.[46] 개혁가들을 포함하여 많은 사람들은 이러한 생각이 정치적·경제적 무질서를 초래할 것이라고 여겼다.

믿음과 관련된 일이라면 정부나 교회라 할지라도 조금도 주저하지 않고 거부했던 이들은 반역자라는 평판을 얻었다. 1525년 1월 취리히에서 그레벨과 추종자들이 자녀들에게 세례를 주라는 시의회의 명령을 거부했을 때, 그들에게 주어진 조치는 자녀들에게 세례를 주든지, 아니면 시를 떠나라는 것이었다. 1538년에 베른Bern[47]의 시민권을 갖고 있던 아나뱁티스트들이 자신들의 신념을 포기하지 않자, 그들에게 곧바로 추방령이 내려졌고, 만약에라도 도시로 다시 돌아오면 죽음을 당하게 되었다. 초기 아나뱁티스트 운동의 지도자였던 펠릭스 만츠는 금지된 세례를 다시 받았다는 이유로 수장에 처해졌다.

이러한 모범적인 삶 때문에 그들이 있는 곳은 어디든지 위험한

---

45   *SAW*, pp. 278-279.

46   제4장을 보라.

47   취리히의 서쪽에 위치한 도시로, 1520년대 초에 프로테스탄트 도시가 되었다.

지역이 되었다. 만약 어떤 사람이 일하는 사람들과 가족들에게 잘해 주거나 친절하면, 그 사람은 아나뱁티스트가 아닌가 하고 의심을 사게 되거나 박해를 받기도 했다. 이에 대해 어떤 사람은 당시의 상황을 다음과 같이 기록하고 있다.

> 사람들은 한스 예거Hans Jeger가 맹세하지 않고 불쾌감을 주지 않는 선한 사람이었다는 이유 때문에 그를 아나뱁티스트로 의심했다. 아주 오랫동안 맹세하지 않고, 싸우지 않고, 선한 사람으로 살아왔다는 이유 때문에 그는 아나뱁티스트라는 의심을 받으며 살아야 했다.[48]

가톨릭이나 프로테스탄트 교회의 예배나 미사에 참여하지 않는 것 또한 박해의 이유가 되었다. 대부분의 아나뱁티스트들은 자신의 공동체를 형성했는데, 이것 또한 죽음을 각오하는 행위였다. 일반적으로 분리된 공동체는 교회 내에 불화를 일으키며, 결국 일반 사회 구조를 파괴한다고 여겨졌다.

온 힘을 다해 그리스도의 온전한 모범을 따라 살고자 했던 그들의 진지함은 많은 면에서 기존의 질서와 갈등을 빚어내는 것으로 보일 수밖에 없었다. 그들은 급진적이었고, 타협하지 않는 순

---

48 *An Introduction to Mennonite History*, ed. C. J. Dyck(Scottdale, Pa.: Herald Press, 1967), p. 312. (코넬리우스 딕, 《아나뱁티스트 역사》, 대장간, 2013)

수한 제자도를 고수했다.

민음을 따라 제자가 되기로 한 결정이 개인적인 발걸음이라면, 제자들이 모여 새로운 삶을 살기로 한 결정은 공동체적이다. 한 사람이 제자가 될 때, 다른 제자들과 분리되면 안 된다. 처음부터 자신을 발견할 수 있는 참된 공동체, 즉 그 사람이 자원들을 얻을 수 있고, 믿기 힘들 정도로 가파르고 좁은 길로 걸어가고자 선택한 그 사람을 받아들일 수 있는 참된 공동체에 소개되어야 한다. 이는 레오폴트 샤른슐라거Leopold Scharnschlarger가 기록한 1540년의 교회 질서에 잘 드러나 있다.

모든 곳에서 온갖 가짜들이 득세하고 있기 때문에, 예수 그리스도의 지체들로 부름을 받고, 완전히 자신을 드리고, 의무를 지려는 제자들은 세상 어디를 가든지, 어떠한 고난을 받든지, 그들이 속해야 할 가능한 모임들을 포기해서는 안 된다. 오히려 모일 기회나 박해의 기회가 더 많을수록 그리스도의 사랑을 실천하기 위해 더 자주 함께 모인다. 모임은 지혜, 절제, 선한 감각, 훈련, 규율 및 조용한 태도 안에서 이루어져야만 한다. 이 모든 덕목들은 예수 그리스도의 날이 가까워질수록 더 중요해진다.[49]

진리를 잃지 않고 올바로 붙들기 위해서는 공동체 안에서 생활

---

49   Fast, 앞의 책, p. 131.

해야 한다. 세상에는 온갖 가짜들이 그득하기에, 제자들이 진리 안에 머물러 있는 것은 그냥 자동으로 이루어지지 않는다. 거짓과 속임수가 세상의 기준처럼 되어 있고, 그 정도는 점점 더 심해지고 있다. 다른 사람들을 헌신하게 만드는 친밀한 모임을 갖는 그리스도인들을 묵인해서는 안 된다는 설득력 있는 이유로 인해 박해와 핍박의 고통이 행해지고 있다. 기만당하는 위험과 박해의 현실은 무엇이 중요하고 기본적인 것인지 알고자 하는 사람에게는 피할 수 없는 일이다.

그러나 이미 언급했던 것처럼, 진리는 또한 생활 방식과 일상의 행동으로 드러나게 되어 있다. 그것은 믿음의 공동체 안에서 그리스도의 주권 아래 드러나는 것이기에 위협을 받는 제자들은 신체적으로나 영적인 삶에 위협을 가하는 곤란한 상황 속에서도 그들이 어떻게 행동하고 살아가야 하는지 발견하게 해준다.

혼돈스러운 세상, 즉 흰 것을 검다고 하고 검은 것을 희다고 하며 어리석은 악과 무질서로 대변되는 세상 속에서, 예수의 동료들은 '지혜, 절제, 분별, 훈계, 친절'을 실천한 중심인물들로서, 새로움, 안전, 질서, 인간의 친절, 그리고 조용한 쉼터를 제공한다.

그러나 이러한 것들보다 더 중요한 것은, 예수의 공동체인 교회가 한 아버지의 자녀들로서 "평화롭고, 연합되고, 사랑스럽고, 우아하고, 친절한 모습으로" 함께 살아감으로써 다른 사람들과 함께함을 가르치는 인간 공동체가 되어야 한다는 것이다.[50] 교회에서 배우는 습관들이 외부 세계를 향한 이러한 행동과 태도들을 결정하기 때문이다.

특별히 주의 만찬의 목적은 새로운 공동체의 현실을 드러내는 표지로서 사랑과 평화와 진리의 공동체를 표현하는 것이어야 한다. 그레벨과 그의 동료들이 뮌처에게 보낸 편지에는 마태복음 18장 15~18절에 기록된 이러한 '그리스도의 법' 또는 '매고 푸는 그리스도의 법'에 대한 언급이 반복적으로 나타난다.

이러한 표지 없이 주의 만찬은 결코 시행되어서는 안 된다.[51] 이 성서 구절이 징계를 위한 방식으로 해석되기도 하지만, 그것은 어떤 사람을 교회에서 쫓아내기 위한 과정을 공식적으로 드러낸 법적인 공식이 아니라, 그리스도의 새로운 공동체가 죄와 악을 다루기 위한 방식이다. 이것은 예수 그리스도를 따르는 제자들의 모임인 교회가 죄를 갖고 사는지, 아니면 용서하며 사는지를 분명하게 제시하는 것이기에, 아나뱁티스트들이 표방하는 제자도 중에서 가장 급진적 측면의 하나이다. 만약 이 공동체가 그리스도께 복종하는 공동체가 되고자 한다면, 반드시 교회의 불순종을 다루어야만 한다. 메노는 이것을 교회의 표지 중 하나라고 기록했다.[52]

---

50   *SAW*, p. 278.

51   *SAW*, p. 77.

52   *CW*, p. 740.

일단 죄가 삶 속에 들어오게 되면 급속하게 증식되는 본성이 있기 때문에 죄를 단순하게 무시할 수는 없다. 만약 죄가 발생하면, 그 죄를 아는 사람이 죄를 제거하기 위한 책임을 져야 한다. 그 사람이 지은 죄에 대한 비밀 보장은 꼭 지켜져야 한다. 죄를 지은 것은 사람들이 남의 말을 쉽게 하는 것과 무지한 판단의 근거를 제공하기 때문에 공표되어서는 안 된다. 만약 어떤 문제가 일정 수준에서 해결되면, 그 문제는 곧바로 정리되어야 한다. 즉, 그 사람을 자유롭게 해주든지 용서를 베풀든지 해야 한다. 어떤 이유에서든지 그 문제가 다음 단계를 요구한다면, 죄에 대한 비밀 보장의 원칙이 지켜지는 가운데, 죄를 지은 사람을 보호해 주어야 한다.

마지막 방법으로 사용할 수 있는 조치는 그 사람을 공동체에서 분리하는 것이다. 이것은 서로 화해를 이끌어 내지 못하고 그렇게 결정할 수밖에 없다는 사실이 명확해질 때 취해지는 최후 방법이다. 이러한 일이 발생하면, 그 사람은 묶여 있고 죄를 지니고 있게 된다. 문제가 충분히 정리되지 않는다면 그 죄를 용서받지 못한다. 왜냐하면 용서만이 법을 위반한 사람을 자유롭게 해줄 수 있기 때문이다. 그러므로 제자도는 지극히 공동체적인 문제이다. 이것이 바로 그레벨이 "어른이라도 그리스도의 매고 푸는 법이 없이 세례를 받아서는 안 된다."[53]라고 말한 이유이다. 제자로

---

53   *SAW*, p. 80.

서 그리스도인은 홀로 분리된 채 살아갈 수 없으며, 생명으로 인도하는 좁고 가파른 길을 걷기 위해 다른 사람들의 이해와 도움이 필요하다는 사실을 처음부터 인지해야 한다.

한편 공동체의 기능에 대한 이러한 주장은 로마 가톨릭과 종교개혁 교회의 성직제에 의한 교회의 규칙을 전면적으로 거부하는 것이었다. 한편으로 이는 루터교와 개혁주의 기독교가 붙들고 있는 보이지 않는 교회, 즉 불가시적 교회[54] 교리를 거부하는 것이었다. 만약 교회를 볼 수 없다면 그리스도의 통치를 적용할 수 없게 되기 때문에 아나뱁티스트들은 이를 거부했다. 공동체는 사회에서 일하시는 하나님을 드러내는 것일 뿐만 아니라, 인간을 아주 높이 평가하는 것이다. 예수의 성령에 사로잡힌 사람이라면, 그리고 명확한 행위와 태도로 신앙을 고백하는 사람이라면 누구든지 새로운 공동체 안에서 살 수 있다. 하나님께서 모든 사람들을 사랑하며, 진리를 실천하며, 공동체 안에서 그 일을 이루라고 명령하셨기에, 아나뱁티스트들은 지금 이곳, 즉 이 세상에서 그렇게 사는 것이 가능하며, 하나님께서 그런 능력과 성령을 주신다는 사실을 믿었다.

---

54 밀과 가라지의 비유를 근거로 그리스도인과 다른 사람들의 차이를 말하는 것은 불가능하다고 주장했기 때문에 사람들은 교회를 보이지 않는 것으로 여겼다. 누가 진정으로 교회에 속한 사람이고, 누가 속하지 않는지 알 수 없기 때문에 하나님께서 구원으로 예정한 사람들 또한 결코 알 수 없다는 예정론의 교리 또한 이러한 내용과 관련되어 있다. 어떤 사람이 하늘로 갈지 지옥으로 갈지, 어떻게 예정되었는지에 대한 단서는 없다. 이러한 주장은 교회의 규율을 무의미하게 만들었다.

결국 그들은 이러한 공동체는 고난을 받는 공동체가 될 것이라고 이해했다. 예수도 그렇게 말씀하셨다. 신약 성서의 기록들은 실제로 박해의 그늘 아래에서 기록되었다. 아나뱁티스트들은 진지하게 그리스도를 따르기를 원하는 사람들은 누구든지 박해를 받게 될 것이라고 믿었다. 교회와 국가가 땅에 곤두박질치게 될 교만한 제도와 신학적 탑을 쌓아 올렸기 때문에, 교회와 국가는 하나님의 뜻을 신실하게 시행하기를 거부했다고 결론지었다. 이러한 새로운 방식의 보이는 교회가 되기 위해서, 아나뱁티스트들은 그들이 의도했든 의도하지 않았든, 세상을 거스르는 사회, 즉 기존의 잘못된 사회에 도전하는 또 다른 대안 사회를 세워 나갔다. 당국의 관점에서 이것은 도저히 용납할 수 없는 일이었다. 그런 까닭에 이들을 향한 지속적이면서도 맹렬한 박해가 가해졌다.

그러나 제자들의 고난은 단순한 사건이 아니다. 그것은 제자가 되기 위한 중요한 일부분이었다. 그레벨은 다음과 같이 설파했다.

진정한 신자들은 늑대 한가운데 있는 양과 같으며, 도살장으로 끌려가는 양과 같다. 그러므로 그들은 고난과 학대, 박해와 고통, 죽음 속에서 세례를 받아야만 한다. 그들은 그들의 육신의 원수들을 죽임으로써가 아니라 그들의 영적인 원수들을 극복함으로써 불의 연단을 받으면서 영원한 안식처인 아버지의 땅에

도착해야 한다.[55]

후트 또한 고난, 즉 그리스도와 진리를 위해 그리스도의 십자가 아래에서 끊임없이 받게 되는 고난과 시련을 그리스도인의 참된 세례라고 설명했다. 진리를 배우는 일은 꼭 필요하다. 고난은 "시련을 통해 배우는 학교"[56]이다. 메노는 고난이 참된 교회의 표지라고 보았다. 그는 마태복음 24장 9절과 디모데후서 3장 12절을 언급하면서, 집회서 2장 1~4절을 인용했다.

아들아, 네가 주님을 섬기려면 스스로 시련에 대비하여라. 네 마음을 곧게 가져 동요하지 말며 역경에 처해서도 당황하지 말아라. 영광스러운 마지막 날을 맞이하기 위하여 주님께 매달려, 떨어지지 말아라. 어떠한 일이 닥치더라도 기꺼이 받아들이고 네 처지가 불쌍하게 되더라도 참고 견디어라.(공동번역에서 인용―옮긴이)

그리고 그는 계속하여 다음과 같이 기록했다.

바로 이 십자가야말로 그리스도 교회임을 드러내 주는 표시이며, 성서가 기록된 당시뿐만 아니라 그리스도와 거룩한 사도들과

---

55   *SAW*, p. 80.

56   Fast, 앞의 책, p. 82.

예언자들과 최초의 흠이 없는 교회의 모범을 드러내는 것이었고, 더 나아가 현재 네덜란드에 존재하는 신실하고 독실한 하나님의 자녀들을 드러내 주는 표시이다.[57]

제자는 가장 급진적인 비순응자가 되어야 한다. 또한, 이것은 예수의 모범을 따르는 것이다.

이는 영적인 감각을 고취하기 위한 이상일 뿐만 아니라, 실제로 그렇게 살아야 할 내용이다. 자신의 신앙을 위해 수천, 수만 명의 사람들이 고문, 투옥, 추방, 죽음을 견뎌 냈다. 그들은 이를 통해서 급진적 제자도의 본질을 증명해 냈다. 십자가는 모든 것이든지 아무것도 아닌 것이다. 그들은 "두 주인을 섬기지 못하리라."라고 말씀하신 예수를 믿었다.

---

57   *CW*, pp. 741-742.

급진적 자유:
아나뱁티즘과 율법주의

4

아나뱁티즘에 대한 주된 비판 중 한 가지는 아나뱁티즘이 율법
주의라는 것이었다. 루터는 수도원이 다시 부활한 것이라며 아
나뱁티즘이 사라져야 한다고 주장했고, 처음부터 비판을 서슴
지 않았다. 루터에게 율법과 복음은 사상의 기본 범주였다. 그
에게는 구원을 얻기 위한 인간적 시도는 모두 율법이었다. 한
편 복음은 인간의 노력으로 이룰 수 없는 하나님의 용서를 지칭
했다. 루터는 수사로서 '수도원 생활'을 통해 은혜로운 하나님을
발견하기 위해 극도의 고통스런 수행을 하며 살았다. 수사 생활
은 기도, 철야, 금욕 생활 및 선행의 연속이었다. 믿음에 근거한
은혜로 말미암아 구원의 기쁨을 경험한 이후, 그는 하나님의 영
광을 조금이라도 축소시키는 표현에 대해 매우 민감하게 반응

했다. 아나뱁티스트들이 '오직 믿음으로' 구원을 얻는다는 것은 구원의 한쪽 측면이고, 믿음은 행동으로 표현될 때만 볼 수 있고 참되다고 역설하자, 루터는 이를 행위에 의해 의로움을 얻으려는 새로운 방식일 뿐이라고 반박했다. 이러한 사람들은 율법에 자신을 다시 팔아넘긴 사람들이며, 갈라디아서를 쓴 바울은 이들을 그리스도에게서 분리된 사람들이라고 비판했다. 대부분의 개혁가들과 그들을 추종하는 사람들은 아나뱁티스트들에게 이와 비슷한 비난을 쏟아부었다. 이러한 내용은 여전히 교회사 서적들에서 쉽게 발견할 수 있다.

아나뱁티스트들은 이러한 비난에 대해 아주 민감하게 반응했고, 이에 대해 정식으로 답변함으로써 그들의 생각을 거부했다. 메노 시몬스는 두 가지 설명을 들어 그들의 비난이 잘못되고 쓸데없는 비방이라고 지적했다.

우리는 주님의 입에서 나오는 말씀을 가르치고 있기 때문에, 우리가 생명에 이르려면 그리스도 안에서 주님의 명령을 제대로 지켜야만 한다. 하나님의 명령을 지키는 것은 할례를 받은 사람에게나 할례를 받지 않은 사람들에게 모두 가능하다. 그리고 우리는 하나님의 사랑 때문에 그의 명령을 지킨다. 그의 명령은 부담스러운 것이 아니다. 그러기에 설교가들은 우리가 그리스도의 공적과 피와 죽음과 중보 외에는 땅이나 하늘의 그 어떤 수단으로도 구원을 얻을 수 없고 오직 하나님의 은혜에 의해서만 구원을 받는다고 늘 고백함에도 불구하고, 우리를 자신의 공적에 의해 구원받기를 원하는 사람들, 자신들의 공적을 내세우는 사람들, 하늘의 질서를 흔드는 자들로 칭했던 것이다.[58]

다른 곳에서 메노는 이른바 그리스도인이라고 하는 사람들의 부도덕한 생활에 대해 기록하고 있다. 그는 계속하여 다음과 같이 기록했다.

만약 어떤 사람이 진실하고 신실한 사랑으로 그들을 꾸짖고 훈계하고, 그들에게 예수 그리스도와 그에 대한 교리와 성례전과 흠잡을 수 없는 모범을 올바로 소개한다면, 그리고 자랑하고 술에 취하고 저주하고 타락한 모습으로 사는 것은 그리스도인에게 맞지 않는다고 말한다면, 그 사람은 그 즉시 선행에 의해 구원을 얻으려는 신자, 하늘을 뒤흔드는 사람, 분파주의를 조장하는 사람, 소란을 일으키는 사람, 겉멋에 들린 그리스도인, 성례전 파괴자, 또는 아나뱁티스트라는 말을 듣게 된다.[59]

이러한 비난을 잘 인식하고 있었기 때문에, 아나뱁티스트들의

---

58   *CW*, p. 569.

59   *CW*, p. 334.

기록들은 다른 복음주의 그리스도인들처럼 믿음에 근거한 은혜로 말미암아 구원을 얻는다고 가르치는 설명으로 가득 차 있다. 메노와 동역자였던 디르크 필립스Dirk Phillips의 기록을 살펴보자.

> 이것은 하나님이 우리에게 베푸신 참된 복음이며, 우리 하나님께 대한 순수한 교리이며, 은혜와 자비가 가득하고 위안이 가득하고 구원과 영원한 생명이 가득한 복음이다. 우리 자신의 공적이나 율법을 이루고자 하는 노력이 아닌, 영원하시고 존귀하신 우리 주 예수 그리스도의 은혜로 말미암은 것이다.[60]

이것은 같은 주제를 다루고 있는 루터, 칼뱅 또는 다른 개혁가들이 언급했던 것과 본질적으로 다르지 않은 수백 가지 비슷한 진술들을 대표하는 것이다.

그러면 도대체 무엇이 문제인가? 루터는 믿음에 근거한, 오직 은혜로 말미암은 구원을 강조했다. 그는 선행을 무시한 것이 아니라, 좋은 나무가 좋은 열매를 맺는 것처럼 선행이 믿음을 뒤따라야 한다고 주장한 것이었다. 그러나 루터의 진술 중 몇 가지 빠진 것이 있는데, 아나뱁티스트들이 보기에 루터는 그리스도처럼 사는 삶을 진지하게 고려하지 않았다는 것이었다. 그가 "용감하게 죄를 지으라!(Sin bravely!)"라고 말했을 때, 사람들이 어떻게

---

60   *SAW*, p. 236.

생각했겠는가? 많은 사람들은 루터의 진술들이 선한 삶을 살도록 하는 하나님의 부르심을 취소시키는 결과를 가져왔다고 쉽게 결론지었다. 반대로, 앞에서 언급했듯이 루터와 다른 지도자들은 아나뱁티스트들의 복음주의적 입장을 분명히 알면서도 이러한 확신들은 '그리스도의 법'과 '새로운 법'에 대해 지속적으로 언급함에 따라 취소되었다고 지적했다. 루터에게 법은 복음에 반대되는 것이었다. 그에게 복음과 법은 양립할 수 없었다. 루터는 이둘을 하나로 묶으려는 그 모든 시도를 율법주의라고 매도했다.

아나뱁티스트들의 입장은 당시의 종교적 정황 내에서 평가될 수밖에 없다. 성서가 하나님의 뜻을 행하는 것을 강조하기 위한 기반으로 작용한다면, 그들의 표현은 다른 사람들의 입장에 따라 평가되고 결정되어야 했다.

이러한 모습을 가장 분명하게 설명해 놓은 프로테스탄트의 주장이 바로 그리스도인들에게는 법이 필요하지 않다는 말이다. 이것이 프로테스탄트가 부도덕을 인정했다는 의미는 아니다. 이것이 말하고자 하는 점은, 모든 도덕적 제한과 쇠사슬을 제거한 것처럼 추측하도록 만드는 성향이 프로테스탄트에 있다는 것이다. 이 점에 대해 메노는 《참된 기독교 신앙 *The True Christian Faith*》이라는 책에서 다음과 같이 불평을 토로했다.

그들은 말한다. (⋯) 사제들이 얼마나 비참하게 우리 가난한 사람들을 착취하고, 그리스도의 피를 빼앗고, 미신적인 변화로 우리를 안내했는지 모른다. 우리의 모든 일이 아무것도 아님을 알게 하신 하나님을 찬양한다. 그리스도의 피와 죽음만이 우리의 죄를 사하게 하실 수 있게 하신 하나님을 찬양한다. 그들은 한편 맥주와 포도주를 한껏 마셔 술에 취한 코와 입술로 이제 자신들은 사냥꾼의 올무에서 벗어났다는 시편을 읊는다. 얼마나 인간적으로 저속한 삶을 살든지 상관없이, 엄지손가락을 치켜들고 이 시편을 인용할 수 있는 사람은 아주 복음적이고 귀한 형제자매가 되는 것이다.[61]

또한 그는《잘못된 고발에 대한 답변Reply to False Accusations》이라는 책에서 다음과 같이 기록하고 있다.

그들이 어떻게 사는지 상관없이 모든 사람들은 자신들이 행하는 종교 의식을 지킴으로써 분파적 입지를 고수하고, 설교자들은 사람들에게 필요한 종교 의식들을 수행함으로써 사형 집행자들의 손에서 벗어난다. 그리스도인은 술주정을 해서는 안 되고, 탐욕스럽고 거만해서는 안 되고, 여성을 욕보여서는 안 되고, 속이거나 거짓말해서도 안 되고, 도둑질하거나 강도질해서도 안 되고, (전쟁에 관여하여) 무고한 피를 흘리게 해서는 안 되고, 참소하거나 맹세해

---

61   *CW*, p. 334.

서도 안 되고, 엄청난 잘못을 저지르는 일에 관여해서도 안 된다. 만약 그리스도인이라 칭하는 자가 자신의 연약함과 불완전함을 탓하며, 여전히 행위가 아닌 은혜로 구원을 얻었다며 주의 만찬에 참여하는 것은 대단히 잘못된 일이다. 죄를 뉘우치지도 않고, 신앙이 없는 사람처럼 강퍅한 마음에도 불구하고 교회의 구성원으로 남아 있는 사람이 있다면, 성서의 분명한 가르침처럼 그러한 사람은 하나님 나라를 유업으로 받지 못할 것이다. 왜냐하면 그런 사람은 마귀에 속한 사람이기 때문이다.[62]

루터의 관심사는 가톨릭에 속한 신실한 사람들이 구원을 이루기 위한 방편으로 사용한 기도, 고행, 성지 순례 및 공적 등 여러 행위들을 하지 않도록 하는 데 있었다. 행위로 말미암아 의롭게 될 수 없다는 루터의 주장에 모든 아나뱁티스트들은 동의했다. 그러나 아나뱁티스트들은 행위가 의미하는 것이 무엇인지에 대해 더욱 진지하게 고민했다. 왜냐하면 루터가 말하는 행위에는 당연히 도덕적 행위가 더 이상 중요하지 않다는 의미가 들어 있었기 때문이다.

아나뱁티스트들은 종교 의식이나 숭배 예식으로서의 행위와 복음이 말하는 윤리적 요구 사이에 존재하는 차이를 아주 분명하고 단호하게 구분했다. 이러한 주제에 대해 메노는 《참된 기독교

---

62   *CW*, p. 569.

신앙》에서 그 차이점이 무엇인지 분명히 밝히고 있다. 이 책에서 메노는 미사, 성수聖水, 성지 순례, 죽은 성인들에게 드리는 기도, 고해성사, 금식 등을 반대하고, 이와 대조적으로 하나님께서 원하시는 "참되고 순수한 사랑과 두려움으로 이웃을 사랑하고 섬기는" 참된 금식과 형식상의 금식의 차이, "성령의 열매인 자비, 우정, 순결, 절제, 겸손, 충성, 진리, 평화, 기쁨"[63]을 강조했다. 앞부분에 언급된 행위들은 절대 하지 말아야 하는 행위인데, 이러한 행위들은 단순히 인간의 통제 아래 있을 뿐만 아니라, 참다운 행위라는 본래 의미를 제대로 전달하지 못하기 때문이다. 한편, 뒷부분에 언급된 행위들은 하나님의 뜻을 드러내며 영원한 생명에 이르게 하는 열매이다.

그러나 그리스도의 뜻을 행해야 한다고 강조한 아나뱁티스트들의 주장은 단순히 잘못된 행위나 업적에 반대하기 위한 반응이 아니다. 이 주장의 핵심은 예수가 주님이시라는 점이다. 예수는 사람들을 자신의 동료로 부르신 주인Master이시다. 예수는 하나님이 순종하라고 명하신 바로 그분이시다. 예수는 부활을 통해 하나님의 권위와 능력을 드러내셨다. 그에게 순종하는 것이 곧 하나님께 순종하는 것이다. 예수는 영원한 하늘의 뜻을 따르는 일과 교회의 본래 모습과 세상을 향한 하나님의 계획과 관련되어 있다. 예수는 자신의 목적을 따르도록 제자들을 부르셨고, 그들

---

63   *CW*, pp. 332-333, 342.

은 예수를 따르고 그에게 순종했다.

이러한 순종은 그냥 저절로 또는 우연히 생기지 않는다. 순종은 크거나 작은 모든 일에 신실함을 요구한다. 그런 까닭에 우리의 관심사는 노래를 부르지 못하게 하는 것과 같이 아주 사소한 문제들과 관련되어 있을 수도 있다.[64] 개혁주의자들이 표방하는 주요한 것과 부수적인 일의 차이에 대해 아나뱁티스트들은 만족하지 못했다. 왜냐하면 성서가 담고 있는 주요한 것과 부수적인 일의 차이를 그들이 제대로 규정하지 못했기 때문이다. 사람들은 인간의 편의에 따라 그 차이를 규정하는 수준에 머무를 수밖에 없었다. 이처럼 개혁주의 성직자들은 사랑, 정의, 믿음의 중요성은 강조하면서도 세례라든가 교회의 규율은 부차적으로 여겼다. 아나뱁티스트들이 선언한 믿음은 세례와 생명에 대한 진정한 헌신과 관련되어 있다. 또한 사랑은 세례를 주라는 명령과 그리스도의 명령에 대한 복종, 즉 매고 푸는 온전한 과정 없이 실현될 수 없다고 선언했다. 그러나 우리는 이러한 차이에 근거하여 거짓된 행위를 거부할 때, 실제로 문자주의와 율법주의에 빠질 위험성이 있음을 분명히 인식해야 한다.

아나뱁티스트들은 이른바 '새로운 법'이 구약의 법과 유사한 외형적인 행위를 요구하는 또 다른 율법이 아님을 분명히 했다. 그것은 마음에 새겨진 법이기 때문이다. 예수를 따르는 사람들에

---

64   *SAW*, p. 75.

게 예수는 살아 있는 주님이시다. 그들은 추상적으로 예수께 복종하는 것이 아니다. 왜냐하면 예수가 영으로 그들과 함께하시기 때문이며, 이러한 복종은 성령의 임재하심과 그의 능력에 의해서 자발적으로 우러나기 때문이다. 그러므로 반대자들이 주장하는 바처럼 그들은 불가능한 멍에와 짐을 지고 고역을 하는 사람들이 아니다. 그들은 자유로이 예수께 복종한다. 그 누구도 이들에게 복종하라고 강요하지 않았다. 그들은 자발적으로 예수를 따르기로 결정했다. 그들의 복종은 그들이 이미 누리고 있는 내적 자유를 밖으로 표현한 것일 뿐이다.

아나뱁티스트 교회에는 강한 규율이 존재한다. 얼마 되지도 않는 신자들을 짓밟기 위해서 온갖 압력과 박해를 일삼았던 세상에서 예수를 따르는 일이 우연히 일어나지는 않는다. 이미 앞에서 언급했지만, 어리석고 무질서한 세상의 한가운데 하나님의 지혜와 질서가 드러난 장소가 바로 교회이다. 교회가 건실하게 유지되려면 지속적으로 제자들의 모범적인 공동체로 존재해야 한다. 이는 세밀한 관심을 필요로 한다. 이러한 이유로 교회는 규율을 실행해야 하며, 때로는 교회 내에서 징계와 권징을 실행할 수 있어야 한다. 공동체의 해석을 따라 그리스도께 복종하지 않는 사람을 교회에 머물게 해서는 안 된다. 그렇게 하지 않으면 교회 전체에 그 영향력이 퍼지고 교회가 약해지기 때문이다.

이 점에서 경계해야 할 위험이 있다. 때때로 그리스도께 복종한다고 하면서 권위를 잘못 사용해서도 안 되고, 현실 상황을 두려워하는 나머지 그 시도까지 무효화해서는 안 된다는 것이다. 프로테스탄트들이 아나뱁티스트들을 율법주의자로 몰아세우고 비순응주의자들라고 매도한 것은 논리의 모순이자 사랑의 부족함을 드러낸 것일 뿐이다. 그들은 아나뱁티스트들에게 타격을 입히기 위해 종종 감금, 재산 압류 후 추방 등으로 처벌했다.

그러나 실제로 아나뱁티스트들은 '법'이나 '계명'이라는 용어를 사용할 때 전적으로 성서의 가르침을 따랐다. 그들은 요한복음 13장 34절이 기록하는 것처럼 사랑의 새 계명을 갖고 "참다운 신앙과 진실한 기독교"[65]의 표시로 이를 실천했다. 예수 자신도 이를 '새 계명'이라고 불렀고, 그들은 이 새 계명에 최고의 권위를 부여했다. 이 새 계명은 석판에 새긴 것이 아니라, 사람의 마음속에 새긴 것으로 자주 언급된다. 이것은 예레미야 31장과 고린도후서 3장 3절 말씀에도 기록되어 있다.[66] 그러나 사랑하라는 계명은 결단코 추상적이지 않다.

아나뱁티스트들과 논쟁을 벌였던 츠빙글리파 성직자들은 모든 것은 사랑과 믿음에 따라서 통제되어야 한다고 주장했다. 아나뱁티스트들도 이 점에서는 논쟁의 여지를 두지 않았다. 그러나 구체적으로 이 사랑과 믿음이 무엇을 말하는지에 대해서는 다

---

65   *SAW*, p. 248.

66   *SAW*, p. 79; *Confession*, pp. 66-67.

른 입장을 취했다. 아나뱁티스트들에게 사랑의 법은 매우 구체적이고 사람들의 삶과 경험을 통해 실제로 드러나야만 하는 것이었다. 이것은 성인 신자들의 세례를 의미했고, 실질적으로 예수를 따르는 사람들에게만 주의 만찬을 나누어야 한다는 생각으로 드러났다. 이것은 단순히 예배 중의 예식이 아니라, 피해에 관련된 사람들을 용서하고, 보복하지 않고, 상처를 되돌려 주지 않고, 억압하지 않는 삶을 살아야 함을 의미한다. 이것은 가난한 사람들을 돕고 변호하며, 슬퍼하는 사람을 위로하고, 가난한 자에게 복음을 선포해야 함을 의미한다. 사랑의 법은 구체적인 삶을 요구한다. 사랑하라는 명령은 그들이 믿고 있는 바를 기꺼이 실천하며, 예수와 사도들의 윤리적 가르침을 따라 사는 것을 의미한다. 그리고 사랑의 법은 그냥 우연히 이루어지는 것이 아니다. 왜냐하면 그런 사랑은 어떤 경우에는 그냥 발현되고 어떤 경우에는 발현되지 않는 식으로 존재하지 않기 때문이다. 사람들은 이렇게 하지 않으면 저렇게 하는 방식을 선택해야만 한다. 이는 모든 제자들이 세례식에 임할 때 당연하다고 생각하는 헌신의 모습이며, 주의 만찬을 나눌 때마다 다시 점검하는 내용이기도 하다.

그들이 법에 대해 나눈 모든 대화를 보면서 그들을 율법주의자로 낙인찍었던 일을 있는 그대로 받아들여서는 안 된다. 왜냐하면 사랑의 법이라 할지라도 그 누구도 이를 지키도록 강요해서는 안 되기 때문이다. 교제를 원한 사람들은 예수 그리스도의 초청을 받들고 의도적으로 제자들의 교제 영역으로 들어갔던 사람들이다. 이러한 교제의 행동은 물 흐르듯이 자연스럽게 이루어지는 것이지 누가 강요해서 이루어지는 것이 아니기 때문이다. 하나님의 뜻을 율법주의로 이해하며 이러한 교제에 가입하도록 강요하는 일은 있을 수 없다. 만약 이미 공동체에 가입한 사람이 이러한 내용에 동의하지 않는다고 해서 규범을 따르라고 강요할 수는 없다. 그러나 이러한 사람들은 아무런 규제를 두지 말고 교제를 떠나도록 허락해 주어야 한다.

칼뱅이 살았던 제네바의 상황은 사뭇 이야기가 다르다. 제네바에 사는 모든 사람들은 그들의 말과 행동이 어떻든 상관없이 그들의 행동을 구속하는 특별법의 시행 아래 교회의 회원으로 간주되었다. 욕설, 음주, 예배 지각과 결석, 설교자 비방, 신경 및 주기도문 암송 거부 등에는 벌금이 부과되었다.[67] 사람들은 이러한 법에 동의하든 동의하지 않든 법의 지배를 받아야 했고 벌금을 내야 했다. 법을 어긴다는 것은 삶의 터전을 잃고 추방된다는 의미였다. 이것이야말로 율법주의이다. 그러나 아나뱁티스트들의 교제가 시행되는 곳에서는 교회의 규율을 받아들이겠다는 헌신이나 그리스도의 법의 통치에 대한 헌신 없이 세례를 베풀지 않았다. 이러한 것을 율법주의로 결론짓는 것은 잘못이다. 규율은 있

---

67 교회에 지각한 사람에게는 동전 세 닢(3수)이 부과되었고, 술 취한 사람에게도 세 닢이 부과되었다. 상스러운 노래를 부른 사람에게는 사흘간 구금형이 내려졌다.

지만, 규율을 따르겠다는 자발성이 있어야 한다. 자발적으로 따르겠다는 규율까지도 율법주의와 동일시할 필요는 없다.

　그런데도 불구하고 율법주의로 보이는 면이 있었던 것은 분명한데, 왜냐하면 아나뱁티스트들의 삶의 방식이 그리스도를 따르는 제자도를 실천하는 과정에서 구체적인 내용을 끊임없이 강조하고 요구했기 때문이다. 제자로서 어떤 입장이 타협의 행위인가 아닌가를 결정하는 것은 매우 어렵다. 이러한 상황은 당시나 지금이나 마찬가지이다. 이미 인용한 예를 사용하자면, 그레벨은 그의 편지에서 찬송을 부르는 것이 하나님의 뜻에 반대된다고 주장했다. 다른 아나뱁티스트들은 이러한 주장을 받아들일 수 없다고 했는데, 찬송을 금지했다면 그 유명한 아나뱁티스트 찬송집인 《아우스분트Ausbund》를 갖고 있어야 할 이유가 없어진다. 그러나 이러한 주제들은 때때로 제자도를 검증하는 데 필요했고, 실제로 시행되었다. 네덜란드 지역의 스위스 형제단이나 메노는 공동체의 징계와 같은 엄격한 주제들을 다룰 때 다른 의견을 갖기도 했다. 그 내용이 얼마나 중요하든 상관없이 결정을 내리는 일은 항상 쉽지 않다. 규칙을 어기는 일이 발생하면 사람들은 지나칠 정도로 민감하게 반응하는 경향을 보인다. 외부에서 가해지는 박해에 대한 압력은 경계를 늦추지 못하도록 만드는데, 이때 지나친 경계심이 잘못 인도되는 경향을 보이기도 한다.

　이럴 때 성서를 사용하여 지침을 얻고자 하면서 문제가 더 커지기도 한다. 성서가 기준이라는 점과 그 필요성에 대해서는 더 이야기할 나위가 없다. 이전에 인용했던 예를 통해 볼 수 있듯이, 하나님의 뜻에 신실하게 되는 일은 절실하다. 사람들이 유일하면서도 불변하는 기준인 성서로 안내를 받기까지 여러 세기 동안 신실하지 못한 끔찍한 사건들이 있었다. 그 당시 상황에서 드러나는 사회, 종교, 정치의 요구와 성서의 사건은 무관하지 않은데, 그래서 성서는 더 신뢰할 만하다. 율법주의는 성서의 안내를 따르는 사람들의 마음에 자리할 틈이 없다. 가능한 한 성서를 신실하게 사용하는 사람들은 늘 자신들이 성서를 너무 외골수적으로 또는 옹졸하게 사용하지는 않는지 신경을 써야 한다.

이미 언급했던 것처럼 스위스 형제단 또한 어떤 주제들을 다룰 때 율법주의의 함정에 빠진 적이 있었다. 필그람 마르펙은 하찮은 이유로 사람들을 너무 쉽게 정죄하고 징계하는 경향이 있음을 긴 편지에 기록했다. 그들은 "명령과 강요가 아닌 믿음과 사랑을 따라서 함께 기도하고 결정"[68]하라는 콘라트 그레벨의 훈계를 분명히 잊고 있었다. 마르펙의 토론은 아나뱁티즘 안에 존재하는 논의 중 그리스도인의 자유에 대해 가장 포괄적인 관점을 견지하고 있다. 그의 관점이 아나뱁티스트 전체를 대표하는 것은 아니라는 점은 언급되어야 한다. 그렇다 하더라도 그의 관점은 아나뱁티스트적이며 우리 전통에 분명히 스며들어 있다. 우선 마르펙

---

68   *SAW*, p. 79.

은 아주 긴 설명을 통해 그리스도인은 성급하게 사람들을 판단하거나 정죄해서는 안 된다고 주장한다. 그는 꽃과 열매라는 이미지를 사용하여 이를 설명했다. 결정은 나뭇잎이나 꽃을 보고 해야 할 것이 아니라, 열매가 나타날 때까지 기다렸다 해야 한다. 이는 제자도 안에서 성장이 이루어질 수 있도록 관용을 보여야 한다는 말이다. 새로 제자가 된 사람이 과거의 모든 습관을 단번에 버리지 못할 수도 있다. 예수를 부인하는 것처럼 보이는 많은 것들은 실상 동역하는 제자들의 적절한 사랑과 관심이 보태지면 누구나 쉽게 회복할 수 있는 것이다. 이러한 일에 대해 마르펙은 과실로 드러나는 일들을 참고 견디면 하나님의 은혜의 보물 상자에 저장될 것이라고 기록했다. 그러므로 그는 아나뱁티스트 회중과 같이 닫힌 사회에서는 좀 더 강요하는 모습이 보일 수 있음에 대해 언급했다.[69]

한 가지 좀 더 강조하고 싶은 내용은 그리스도인의 자유에 대한 마르펙의 이해에 관한 것이다. 당시 구약의 안식일로서 일요일을 바라보는 견해에 대해 좀 더 엄격한 규율을 적용하는 사람들이 스위스에 있었다.[70] 안식일을 범하는 사람들은 주중의 어떤 한 특정한 날에 일하는 사람들이 아니라, 자신의 삶과 스스로의 노력으로 생활하는 사람을 말한다. 그리스도인들은 이제 더 이상

---

69   *Marpeck, Writings*, pp. 311-361.

70   제2장의 각주 6을 보라.

시간에 구속되지 않고 실제로 시간을 다스리며 살아야 한다. 그리스도의 정신 안에서 하루하루를 책임감 있게 살아야 한다.

마르펙의 동료였던 레오폴트 샤른슐라거 또한 교회의 질서를 논하면서 다음과 같은 기록을 남겼다. 이는 교회에 주는 말이다.

그러므로 헌금을 모으는 사람은 그것이 부자에게서 온 것이든 가난한 사람에게서 온 것이든 아주 작은 선물이라도 경시하지 말고 큰 것으로 여기며, 그 선물을 주신 하나님께 감사하며 귀하게 받아야 한다(누가복음 21:1~4). 이러한 차원을 넘어서 주께서 결정하시도록 해야 한다. 마치 어떤 사람이 세속적인 이해를 갖고 "결국 모든 사람이 필요에 따라 헌금을 하는데, 왜 필요한 것을 즉각적으로 요구하지 않습니까?"라고 말할지라도 우리는 다음과 같이 대답해야 한다. "그렇게 즉각적인 필요에 따라 반응하는 것은 성령의 질서에 부합하지 않기 때문입니다. 비록 사람들이 인간적으로 동의하지 않는다 할지라도 헌금은 사람의 일이 아닙니다. 그러므로 헌금을 세속적인 일로 간주해서는 안 되며, 오히려 영적인 일로 여겨야 합니다. 그렇지 않으면 우리가 주님의 백성들의 자유를 침해하고 자발성을 해치게 될 것입니다."[71]

법적으로는 어떤 사람이 헌신을 근거로 헌금을 요구할 수 있을

---

71   Fast, 앞의 책, pp. 134-135. 저자가 번역한 것임.

지는 몰라도 그 사람이 무엇을 얼마나 드려야 하는지는 자유에 맡겨야 하고, 하나님께서 판단하시도록 해야 한다. 성급한 판단은 "주님의 백성의 자유를 침해하고 자발성을 해친다."

그러므로 제자들은 사랑과 자비 안에서 헌신해야 하며, 이웃을 위로하고 도우며, 모든 사람을 진실과 진심으로 대하며 살아야 한다. 그리스도 안에서 하나님은 사람들을 두려움과 미움과 폭력으로부터 자유롭게 하셨고, 큰 대가를 치러야 할지라도 그리스도께 복종할 자유를 주셨다. 제자들은 의무로 행동하는 사람이 아니라, 그들의 삶 속에 충만한 하나님의 사랑에 근거하여 살아가는 사람들이기 때문이다.

이러한 자유에 대한 급진적 생각은 16세기에 흔들리지 않는 진리라고 여겼던 많은 사항들에 대해 아나뱁티스트들이 자유롭게 의문을 제기할 수 있도록 도와주었다. 이들은 이러한 자유를 위해 엄청난 대가를 치러야 했다. 두려움에 떨면서 자신의 길만 생각하는, 율법주의에 묶여 있던 사람들은 차마 그 값을 치를 수 없었다. 아나뱁티스트들은 이미 앞서 이 길을 걸었던 주님의 자유를 누리게 되었다.

급진적 신학:
아나뱁티즘과 이상주의

5

전통적인 신학자들과 당시의 신학, 그리고 신학화 작업에 대해 아나뱁티스트들이 가졌던 적개심과 불신이 어떠했는지는 16세기 아나뱁티스트들의 기록에 넘쳐난다. 이스라엘의 예언자들이 시대를 혹독하게 비판했듯이, 아나뱁티스트들도 당시 종교 지도자들을 신랄하게 비판했다. 16세기의 경우, 비판의 대상은 가톨릭과 프로테스탄트 신학자들과 선생들이었다. 그들은 예수께서 이 땅에 오셔서 당시에 '서기관들과 바리새인들'로 불렸던 종교 지도자들을 대상으로 하신 말씀들을 또렷이 기억하고 있었다.

이러한 적개심이 표출된 최초의 기록들은 콘라트 그레벨의 편지에서 확인할 수 있다. 그레벨은 "거짓으로 말을 삼가고 행동하며, 자신들의 의견들을 하나님 위에 둘 뿐만 아니라 하나님을 거스르는" 이른바 "복음적 설교가들"에 대해, "비텐베르크의 게으른 학자들과 나태한 박사들"이라고 신랄하게 비판했다. 그는 빈정대는 식으로 "배운 목자들"이라는 용어를 여러 번 사용했다. 이러한 내용에 대한 긴 논평은 메노 시몬스[72]의 글과 페테르 리데만[73]의 글을 비롯한 많은 글에서 발견된다. 분명한 비판의 대상으로 언급된 사람들 대부분은 당시 가톨릭뿐만 아니라 프로테스탄트에서 명성을 떨치고 있었다. 츠빙글리, 칼뱅, 마르틴 부처Martin Bucer가 프로테스탄트 편에 있었고, 교황과 추기경들과 사제들과 당시 유명한 대학 교수들이 가톨릭 편에 있었다.

우리는 초기 아나뱁티스트 지도자들 중 많은 사람들이 이전에 가톨릭 사제들이었고 대학에서 공부한 학자들이었다는 사실을 염두에 두고 이러한 적개심의 이유가 무엇인지 분명히 이해해야만 한다. 실제로 적절하지는 않지만, 아나뱁티스트 운동 초기에 대학 교육을 받은 사람들은 가톨릭이나 프로테스탄트에서 충분한 지도적 위치를 갖고 있지 않았다. 개인적인 가능성을 부인할 수 없지만, 그들 모두가 그런 지도력을 갖고 있지는 않았다. 이러한 사람 중 하나인 미하엘 자틀러는 아나뱁티스트가 되기 전에 베네딕트 수도원에서 고등 교육을 받았다. 그리고 레겐스부르크Regensburg의 유명한 설교가이자 신학자였던 발타자르 후프마이

---

72   *CW*, pp. 207-212.

73   *Confession*, pp. 95-97.

어, 그리고 바젤의 유명한 출판사에서 학문적인 소양을 갖고 구약의 예언서를 번역했던 한스 뎅크가 있다. 이들이 적개심을 가졌던 이유는 생각보다 뿌리가 깊다.

배우지 못한 아나뱁티스트 평신도가 당시의 학자들과 박사들, 그들의 작품들을 노골적으로 비방한 것은 프롤레타리아들이 인텔리들을 비방했던 것과 매우 유사하다. 이렇게 강렬한 아나뱁티스트에 대한 설명들을 받아들이기란 그리 어렵지 않다. 그러나 이들이 그러한 태도를 취한 이유들을 진지하게 고려한다면, 많은 설명으로도 불충분하다. 그렇다면 어떻게 설명하는 것이 좋을까?

아나뱁티스트에 대해 설명할 때, 그들이 스스로 한 설명만 취하는 것은 잘못이다. 왜냐하면 그렇게 분리시켜 설명하는 것은 그들이 학문적 업적을 못마땅하게 여기거나 무조건 깔보는 것처럼 들리기 때문이다. 더 나아가 아나뱁티스트들이 문맹과 단순한 마음을 갖는 것을 스스로 자랑하는 것처럼 보일 수 있기 때문이다. 이러한 설명들과 16세기 그들의 지적인 상황을 고려하면 아주 다른 그림이 드러난다. 이러한 작업을 위해 간략하나마 아나뱁티즘과 이상주의라는 주제를 별도로 나누어 설명하면 좋을 것이다. 사실 아나뱁티스트는 이상주의가 아니다. 실재reality와는 다른 것을 설명하기 위해 가장 잘 알려진 이상ideal이라는 용어의 의미를 살펴보는 일은 제자도에 대해 설명한 제4장의 부제목으로 더 적합할 것이다. 여기에서 설명하려는 이상주의의 의미는 우리가 영어의 단어에서 l을 빼고 그 자리에 하이픈(-)을 넣은 단어, 즉 idea-ism으로 쉽게 설명이 가능하다. 이상이라는 단어는 원래 특별히 구체화되지 않은 실재라는 철학적 가정을 의미했다. 탁자를 예로 설명해 보자. '탁자'라는 이상은 우리가 인지하고 있는 실제 탁자 없이 별도로 존재 가능하다. '탁자'라는 이상은 궁극적으로 하나님의 생각 안에 있지만, 인간이 이상을 발견하려면 이성을 통해서만 알 수 있다. 인간은 이러한 논리의 규칙들을 깊이 생각할 때, 진리를 발견할 수 있다.

13세기의 위대한 교수이자 철학자였던 토마스 아퀴나스가 이러한 논리적 방법을 사용했다. 그는 움직임의 사실을 사용하여 하나님의 존재를 설명했다. 그는 관찰 가능한 움직임의 현상에서 시작하여 연역 이론으로 하나님의 존재와 하나님의 본성에 대해 설명했다. 이상은 실제 물체와는 독립적으로 존재 가능하다는 그의 신념은 2세기 이후로부터 기독교 신학의 철학적 하부 구조의 기본적 토대를 제공했다. 이것은 쉽게 폐기될 수 없는데, 그 이유는 신학적 논쟁의 모습을 결정해 주기 때문이다. 이상은 인간 이성의 결과물이다. 그리고 진리를 발견하고자 사용한 인간 이성에 대한 확신이 16세기에 여전히 맹위를 떨치고 있었다. 로마 가톨릭교회의 사상에서 이상은 아주 자연스러운 것이었지만 프로테스탄트 신학, 특히 개혁주의의 다양성 안에서는 그다지 자연스럽

지 못했고 뭔가 좀 더 증명해야 할 여지가 있었다.[74]

1538년 스위스 베른에서 열린 아나뱁티스트와 츠빙글리 교회 (또는 개혁 교회) 성직자들 간에 있었던 논쟁은 이러한 상황을 좀 더 생생하게 보여 주는 좋은 예이다. 유아 세례의 합법성에 대한 논쟁은 결국 삼단논법 syllogism을 사용한 성직자들이 승리한 것으로 기록되어 있다. 그 경과는 이렇다.

하나님께 속한 사람은 모두 성령의 사람이다.
어린아이들은 하나님께 속한다.
그러므로 어린아이들도 성령을 소유한다.

성령은 믿음을 가지는 데 필수 사항이기 때문에, 성령을 소유한 사람들은 유아들도 믿음이 있다고 주장한다. 그러므로 신약 성서가 말하듯 누구든지 믿음이 있는 사람에게 세례를 베푸는 것은 합법적이며, 이는 유아에게도 해당되었다.[75] 이러한 궤변적인 성서의 신적 계시는 그들에게 받아들일 만한 것일 뿐만 아니라, 유아 세례를 시행하는 근거가 되었다. 이러한 이상주의자들의 가설은 부분적이나마 당시 지적 세계의 단면을 보여 주고 있다.

---

74 P. Tillich, *A Complete History of Christian Thought* (New York: Harper and Row, 1968), p. 262.

75 Walter Klaassen, "The Bern Debate of 1538: Christ the Center of Scripture," *Mennonite Quarterly Review*, XL, p. 151.

아나뱁티스트들은 성서를 해석할 때 이렇게 잘못된 논법을 사용하면 당연히 결과도 잘못된다고 확신했다. 이러한 입장은 항상 그리스도의 명령을 중립적으로 만들거나 부드럽게 하는 모습으로 드러났다. 후프마이어는 아나뱁티스트 글에 몇 가지 익살스러운 이야기를 기록하여, 어떤 사람은 호박에서 새로운 그리스도가 나왔다고 말할 수 있게 되었다고 지적했다.[76] 아나뱁티스트들은 교회의 생활이나 개인의 제자도라는 구체적인 사실과 이러한 생각들 사이에는 아무런 관계가 없다고 일축했다. 그러므로 이러한 생각들은 좋게 말한다면 의심스러운 것이고 나쁘게 말한다면 아주 사악한 속임수이다. 아나뱁티스트들은 인간의 이성과 성서의 계시를 뒤섞어 놓은 중세의 유산 전체를 거부했다.

전체 맥락 속에서 살펴보아야 할 또 다른 부분은 루터의 신학이다. 루터 신학에 대한 아나뱁티스트들의 전형적인 태도는 한스 후트의 다음과 같은 기록에 잘 드러나 있다. "그들이 가르치는 말이라고는 '믿음을 가지시오!'라는 말밖에 없다. 거기서 한 걸음도 더 나가지 못했다."[77]

루터는 그리스도의 공로를 믿는 사람은 모두 구원을 얻을 것이며, 이것이 인간이 하나님께 반응하는 유일한 방법이자, 하나님

---

76   *Balthasar Hubmaier: Schriften*, ed. G. Westin and T. Bergsten(Gütersloh: Verlagshaus Gerd Mohn, 1962), p. 132.

77   G. Rupp, "Of the Mystery of Baptism," *Patterns of Reformation* (London: Epworth, 1969), p. 380.

을 받아들이는 유일한 방법이라고 말했다. 이러한 관점은 아나뱁티스트들에게 지적 능력에 대한 문제로 다가왔다. 왜냐하면 그들은 이러한 주장에서 아무런 구체적 표현을 발견하지 못했기 때문이다. 믿음을 근간으로 한 교회와 제자도에 대한 아나뱁티스트들의 이해는 분명한 태도와 행동으로 드러났기 때문이다. 그들에게 말씀은 너무 명백해 잘못 해석할 수 없는 것이었고, 실제 경험을 넘어서지 않으면 안 되는 것이었다. 그들은 '오직 믿음으로'라는 루터의 구원 교리를 아무런 요구를 하지 않는 학문적 치밀함의 또 다른 예로 간주한다.[78] 아나뱁티스트들은 믿음을 통한 구원이라는 신약 성서의 선언을 거부하지 않지만, 이를 추상적으로 해석하거나 잘못 인도하는 믿음은 단호히 거부한다.

신학자들과 신학에 대한 아나뱁티스트들의 태도를 이해하기 위해 우리가 살펴보아야 할 세 번째 측면은 가톨릭교회의 율법주의이다. 이 점에 대해서는 폴 틸리히Paul Tillich가 다음과 같이 멋지게 기술한 바 있다.

가톨릭은 인간을 위한 영원한 행복을 제공한다는 목적 아래 하나님과 인간의 관계를 객관적이고 양적이며 상대적인 체계로 엮어 놓았다. 그 기본적인 구조는 개인적인 체계가 아닌 객관적인 체계,

---

78 다음 책에 기술되어 있는 디트리히 본훼퍼(D. Bonhoeffer)의 '값싼 은혜(cheap grace)'를 참조하라. *The Cost of Discipleship* (London: SCM Press, 1959), pp. 35-47.

질적인 체계가 아닌 양적인 체계, 절대적인 체계가 아닌 상대적이면서 조건적인 체계이다. 이것은 신 대 인간 경영이라는 조직으로 교회 경영을 대표하고 실현하는 방식이다.[79]

메노는《기독교 교리의 기초 *Foundation of Christian Doctrine*》라는 책에서 "성인전, 고해성사, 성지순례, 미사, 성무일과, 아침기도, 저녁기도, 속죄, 철야기도, 절기, 교황의 교서, 봉납"에 대한 내용을 거듭 언급했다. 이러한 것들은 신실한 사람들의 죄의식을 달래기 위한 교회의 요구 사항으로 제정되었다.[80] 교회의 박사들은 이 모든 것이 기독교 신앙의 본질에 속한다고 변호했다. 그러나 사람들은 불확실성의 노예 상태에 머물러 있었고, 하나님의 은혜를 확증하기 위해서 끊임없이 노력해야 한다는 압력에 시달려야 했다. 메노는 이것을 차별의 시스템이라고 주장했다. 왜냐하면 이러한 것은 구원의 유일한 근원이신 그리스도와 같은 수준으로 되는 것에 비하면 상대적으로 사소한 문제였기 때문이다. 그것은 "그리스도의 피를 무가치하게 경멸하는 행위"들이기 때문이다.[81]

결국 중세 시대에 개발된 성서를 해석하는 장치는 이러한 상황

---

79   Tillich, 앞의 책, p. 228.
80   *CW*, p. 165.
81   *CW*, p. 333.

속에서 발전되었다. 이러한 문자적 의미에 더하여, 세 가지 다른 수준의 의미가 제시되었다. 이러한 다른 수준의 의미 추구는 우화적allegorical 성서 해석에 기반을 두었다. 이것은 종종 문자적 의미의 해석을 밀쳐 내거나 무효화했다.[82] 예를 들어 예수께서 하신 말씀이 문자적으로 교회가 인정하는 입장과 충돌을 일으키면, 교회의 입장과 충돌하지 않도록 해석을 유보하거나 양보하는 식이었다. 이러한 성서 해석 방식은 16세기 로마 가톨릭교회에 의해 강화되었고, 종교 개혁가들은 네 단계의 수준을 포기하는 대신 한 가지 또는 두 가지만 선호하는 방식을 따랐다. 그럼에도 이렇게 성서를 교묘하게 왜곡하거나 궤변으로 바꾸는 것은 비난을 몰고 왔다.[83] 그러므로 아나뱁티스트들이 이러한 성서 해석 방법을 거부했다고 할 때, 이것이 의미하는 바는 사중적 해석 구조와 성서 해석의 논리적 규칙을 적용했다고 봐야 한다. 그들은 이러한 잘못된 해석은 그리스도의 분명한 명령 아래 십자가를 지고 그를 따르라는 명령에서 벗어나려는 시도라고 보았다.

아나뱁티스트들이 복음의 단순성과 직접적인 의미를 주장한 행위는 아무런 희망 없이 현실과 타협한 것이라고 오해되었다.

---

82 C. J. Dyck, "From Ignatius to Wyclif," *Mennonite Life*, XIX, pp. 81-82. 선한 사마리아인의 비유의 해석이 그 좋은 예이다. 예루살렘은 하늘, 여리고는 지옥, 사람은 죄인, 강도들은 다양한 죄, 사마리아 사람은 그리스도 등으로 묘사되었다. 각 부분의 의미가 부여되었고, 해석하는 사람이 해설을 끝마치면, 누가 이웃이어야 하는지에 대한 단순한 점조차 완전히 방향을 잃었다.

83 예를 들어 *CW*, pp. 801, 822을 보라.

교사들에 의해 잘못 인도를 받은 사람들은 모든 것이 아주 명쾌하게 드러나 있는 복음의 가르침까지도 혼동하게 되었다. 이러한 궤변과 율법주의적 해석의 진흙탕에서 빠져나오는 유일한 길은 이러한 모든 일들이 발생되는 곳을 떠나 근원으로 돌아가는 방법밖에 없었다. 즉, 교회의 타락으로부터 떠나 순수한 샘물의 본원, 실제적이며 단순하고 분명한 단어를 사용했던 사도들과 예수 그리스도의 가르침과 삶으로 돌아가는 방법밖에 없다. 이곳은 진리의 분수대이자 밝은 빛의 근원이다. 그 외의 모든 것은 부차적이므로, 모든 것은 예수 그리스도에 의해 판단을 받아야 한다.

또한, 아나뱁티스트들은 전통적인 신학 사조가 전문가들만을 위한 것이라는 생각을 거부했다. 이렇게 생각할 때 신학이 특별한 훈련을 받은 학자들로 구성된 엘리트 집단만을 위한 관심사가 되어 버리기 때문이다. 아나뱁티스트들은 교회에 강조점을 두면서 복음을 제대로 이야기하고 소통할 책임이 모든 구성원들에게 있음을 강조했다. 글을 읽지 못하는 사람들이라도 다가갈 수 있는 신학하는 방법은 물론 신학적 진리로 다가가는 것은 반드시 필요한 일이다. 이러한 신학적 열매를 종종 공동체 신학 Gemeindetheologie, 즉 교회 신학 또는 회중 신학이라고 부른다. 이는 모든 사람이 기여하고 모든 사람이 자신의 신앙에 대해 분명하게 말하고 고백하는 신학을 말한다. 공동체 신학은 공동체(Gemeinde, 회중)에서 작용해야 한다는 내용으로, 이는 정부 당국의 질문에 대한 답변으로 사람들이 끊임없이 고백했던 신앙 고백뿐만 아니라 슐라이트하임Schleitheim 신앙 고백서에도 잘 드러나 있다. 한편으로 지도자들 개개인이 갖고 있던 영향력 또한 명백하다. 자틀러의 지대한 영향력이 발휘된 슐라이트하임 신앙 고백서가 그런 예 중 하나이다.

아나뱁티스트들이 배움을 경시하거나 거부했다고 결론을 내리는 것은 잘못이다. 메노는 아나뱁티스트들의 이러한 훌륭한 배움에 대해 깊이 감사했다. 다음은 그가 얀 와스키(Jan Łaski 또는 John Laski 또는 John à Lasco)라는 개혁 교회 신학자에게 쓴 글이다. "우리가 이러한 문제를 다룰 때 우리에게 있지도 않은 애매한 삼단논법을 사용한다거나 교활한 궤변이나 억지 논리를 사용하지 않도록 합시다. 대신에 우리의 논쟁에서는 그럴듯한 말로 왜곡하거나 인간의 지혜로 길들여지지 않는, 평범하면서도 명료한 그 말씀만 사용하도록 합시다." 이에 대해 와스키는 메노를 무식한 사기꾼이라고 불렀다. 다음은 메노의 답변이다.

친애하는 독자들이여, 정확하게 이해하십시오. 나는 유창한 말과 박식함을 경멸한 적이 없습니다. 오히려 어렸을 적부터 그렇게 되기를 좋아하고 바랐습니다. 나는 하나님의 은혜의 귀한 말씀이 우리에게 다가오기를 간절히 바라면서 언어적 감각을 잃어버리게 되었고 이러한 지식을 그리 중요하지 않게 생각

했습니다.[84]

그러나 하나님의 진리는 성서의 계시와 인간 이성이라는 두 가지 방식에 의해 드러난다는 학자들의 전제를 무조건 거절하는 모습이 있었는데, 이는 사람들이 성서의 계시와 인간 이성을 교회 타락의 직접적 원인으로 보았기 때문이다.

그들에게 계시는 진리의 근원이고, 이러한 신적인 계시는 성서에 의해 전달되어야 했다. 신학적 사상들을 모아 놓은 것들은 예수 그리스도와 제자들의 말씀이나 삶과는 일치하지 않았다. 예수의 말씀들이 그의 삶과 행동을 분리해 놓지 않았다는 사실을 다시금 강조하는 것은 중요하다. 예수의 삶은 신학적으로 중요하다. 왜냐하면 예수의 삶은 하나님께서 원하는 인간의 모습이 어떠한지 보여 주는 모델이기 때문이다. 하나님에 대해 예수께서 하신 말씀은 윤리적 실천 사항과 직접적으로 관련되어 있다. 그러므로 우리는 아나뱁티즘이 한편으로는 신학과 또 다른 한편으로는 윤리적 질서와 분리되어 있지 않다고 본다. 이 둘은 완전한 융합체이다. 즉, 신학 없이 윤리적 질서가 설 수 없고, 윤리적 질서 없이 신학이 설 수 없다는 말이다. 그러므로 신학은 일상의 삶속에서 일어나는 모든 것에 적합해야 한다. 아나뱁티스트들은 이러한 본질적인 문제를 다룰 때 성서를 반영하고 있어야 한다는

---

84   *CW*, p. 790.

입장을 지속적으로 견지해 왔다.

루터의 신학뿐만 아니라 학자연하는 신학의 문제는 하나님이 바라는 인간의 모습으로부터 멀어지게 하는 반면에 멸망해야 할 존재로서의 인간이라는 방향으로 몰고 가는 느낌을 준다는 점이다. 필그람 마르펙은 모든 신학적 주장이 그리스도론에 기반을 두어야 한다고 주장했다. 이는 하나님이 그리스도 안에서 우리가 알고 있는 모든 것의 한계를 드러내기 때문이다. 하나님의 전지전능하심, 이에 대한 추론, 예정론에 대한 그의 설명은 이러한 점을 잘 드러낸다.

하나님은 무질서의 하나님이 아니라 질서의 하나님이시다. 하나님의 전능함은 그의 뜻과 질서에 그대로 드러나 있다. 예정론자들이나 그들의 말에 동조하는 사람들의 주장과는 다르게 하나님은 그 누구도 차별하지 않으시며 모든 사람들을 구원하거나 멸망시키는 권리를 갖고 계신다. 하나님은 자신이 세우신 뜻과 질서 밖에 계시는 분이 아니다. 그의 능력은 자신의 뜻과 질서에 복종한다. 그러기에 사탄과 그의 예언자들이 그랬듯이 모든 것은 하나님의 거룩한 능력에 복종해야 한다. 하나님의 권능과 전지전능하심은 그 목적을 따라 시행되는 곳이라면 어디에서나 긴급하고 차별 없이 시행된다. 하나님의 뜻과는 무관하게 루터는 유아 세례와 같은 성례전을 시행했다. 그들이 자신의 이해 능력의 끝에 다다를 때면 언제나 하나님의 전지전능하심에 호소하여 자신들의 신학을 주장했다. 하나님 말씀의 질서 밖에서 하나님의 능력과 전지전능하심을 사용하거나 설교하는 것보다 더 심한 거짓 가르침과 사기는 존재하지 않는다.

더 나아가, 이러한 것은 하나님께서 하늘과 땅에 있는 모든 것들에 질서를 부여하셨으며, 이러한 질서가 영원토록 존재할 것이라는 하나님의 진리와 하나님께 대한 가장 큰 모독이다. 하나님은 영원 전부터 계신 그의 말씀, 즉 그리스도 안에서 가장 현명한 질서이시기 때문이다. 이 질서 밖에서 하나님의 전지전능하심을 부정하게 조작하는 자는 누구든지 속이는 자요 유혹하는 자이다.[85]

그는 잘 알지도 못하는 것들에 대해 침을 튀기며 말함으로써 이미 우리가 잘 알고 있는 내용을 왜곡하는 다른 사람들을 책망했다. 왜냐하면 성서를 넘어서는 것은 계시로부터 오는 것이 아니라 이성으로부터 오는 것이기 때문이다. 또한, 마르펙은 우리의 신학적 지식이 항상 분절되어 있으며, 이성에 의해 그 간극을 메우려는 시도는 위험한 것이므로 단념해야만 한다는 사실을 절대적으로 인정했다.

이른바 원죄론의 교리를 이용하여 유아 세례의 실행에 대해 이론적으로 변호하려는 태도에 대한 아나뱁티스트들의 대처는 어

---

85   *Marpeck, Writings*, pp. 341-342.

떻게 그들이 전통적인 입장들을 거부했는지를 보여 주는 좋은 예이다. 그들은 유아 세례를 원죄론의 교리로부터 추론한 것이지 성서에 근거한 것이 아니라고 여긴다. 그들의 주장에 따르면, 죄는 창세기 3장이 기록하고 있듯이 선과 악을 알게 하는 지식에 대한 자각과 더불어 세상에 들어왔다. 유아들은 이러한 지식이 없기에 죄가 없다. 결국 유아들은 씻을 죄가 없기 때문에 세례를 받을 필요가 없다. 마르펙과 그레벨의 진술은 이러한 입장을 잘 설명하고 있다.

만약에 우리가 어린이들에게 세례를 베푼다면, 우리는 죄인들과 불신의 책략에 저주와 죽음의 자리로 그들을 내동댕이치는 것이다. 그러한 행위는 그리스도의 은혜를 저버리는 행위이다. 왜냐하면 어린이들은 죄나 믿음이나 불신을 알지 못하고 고백할 수 없기 때문이다. 세례는 죄와 불신으로 말미암아 우리가 처한 죽음을 고백하고 증거하는 행위이다. [죄와 불신]은 그리스도와 함께 십자가에 못 박혔고 그의 죽음과 함께 장사 지낸 바 되었다. 이러한 죽음과 함께 우리는 죄에 대해 죽고 우리의 죄를 용서하시고 영원한 생명을 보장해 주시는 그리스도 안에서 살아가는 것이다. 그리스도 안에서 이러한 확증은 아이들에게도 약속되어 있고, 이미 위에서 언급한 것처럼 어린아이처럼 믿음에서 단순한 사람들에게 주어지는 것(마태복음 18:3)이다.

아이들이 선과 악을 아는 나이가 되면, 세속적인 지식과 자만심이 생기며 하나님과 원수가 되는 뱀의 속이는 지식을 알게 되며 죄를 짓게 된다. 그렇게 죄와 죽음과 파멸이 시작된다. 사람이 그리스도를 믿음으로써 다시 어린이처럼 되면 세례를 받고, 믿음을 통해 그리스도와 함께, 또는 그리스도 안에서 아브라함의 씨에 속하게 된다. 그러므로 하나님의 아들 그리스도 예수가 이 땅에 오셔서 금지된 열매를 따먹고, 선과 악을 아는 지식을 갖게 된 아담과 하와의 타락을 회복시킴으로써 다시는 아담과 하와의 잘못을 통해 살지 않도록 하신다. 그렇지 않다면 우리 안에 있는 아담의 타락을 회복할 길이 없으며 그리스도 안에서 무죄한 어린이로서 살아갈 수 없게 된다. 정죄함은 지식으로부터 오는 것이기 때문에, 그리스도는 그의 피를 통해 온 세상의 죄를 씻으시고, 약속의 말씀을 통해 무고한 자의 죄를 씻으시고, 그를 믿는 믿음을 통해 그를 알게 되는 자들의 죄를 씻으신다. 비록 이러한 육체의 방식 이후에 죄의 뿌리가 무엇인지 모르는 채로 남아 있지만, 무지 그 자체는 죄가 아니다.[86]

선과 악이 무엇인지 분간하지 못하는 모든 어린이들과 선악을 알게 하는 지식의 열매를 아직 먹지 않은 어린이들은 이미 손상된 생명을 온전히 회복시키시는 두 번째 아담, 곧 그리스도의 고난에

---

86   위의 책, pp. 130-131.

의해 틀림없이 구원을 얻을 것이다. 왜냐하면 만약 그리스도께서 고난을 받지 않으셨다면 그들도 정죄되어 죽음에 이르기 때문이다. 그러나 그리스도께서 어린이들을 위해 고통을 받으신 것이 아니라고 증명하지 않는 한, 아이들은 아직 우리의 깨진 본성의 결점으로 성장하지 않았기 때문에 구원을 얻을 것이다. 그러나 믿음이 구원을 얻기 원하는 모든 사람에게 꼭 필요한 것이라는 사실을 반대하는 것처럼 들리기에, 우리는 이러한 믿음에서 어린이들은 제외되며 어린이들은 믿음 없이 구원을 얻는다고 믿는다. 그러기에 우리는 어린이들이 세례를 받아야만 한다는 사람들의 주장을 믿지 않는다.[87]

더 나아가 어린이들은 그리스도의 법에 복종하도록 스스로 동의할 수 없다.

그러므로 하나님은 전지전능하시다는 생각은 그리스도와 관련된 내용 외에는 아무런 가치가 없다. 마찬가지로 원죄 교리는 그리스도 안의 하나님의 은혜를 부정하는 것이다. 그러므로 신학적 설명을 시도할 때는 항상 그리스도 및 사도들의 가르침과 삶에 맞닿아 있어야 한다. 이렇게 함으로써 아나뱁티스트들은 성서 안에서 권위의 기준을 수립했다. 그들은 성서를 이해할 때 성서 말씀의 모든 부분이 동일하게 중요하다는 획일적인 견해를 갖고

---

87   *SAW*, p. 81.

있지는 않았다. 그들은 성서에 기록되어 있는 내용이라고 할지라도 그리스도의 가르침과 삶에 일치하지 않는다면 하나님의 말씀으로 인정하지 않았다.

이미 지적했듯이 이러한 문제의 핵심은 신학과 윤리의 일치였다. 진리는 삶 속에서 발견되어야 하는 것이지 어떤 추상적인 논리가 아니다. 신학과 삶의 관계에서 아나뱁티스트들의 관심사는 주의 만찬에 대한 두 프로테스탄트의 견해, 즉 루터와 칼뱅의 견해와 비교할 때 더 명백해진다. 루터는 예수의 "이것은 내 몸이다"라는 말씀을 문자적으로 해석하여 빵 그 자체가 예수의 몸이라고 이해했다. 그래서 루터는 그리스도의 몸이 어디에나 존재한다는 개념을 복원시켜 놓았다. 이는 그의 문자주의를 정당화한 완전히 추상적인 개념이다. 그러므로 사람들이 빵을 받아먹을 때 그리스도의 몸을 받는 것이라고 위로를 받고 기운을 얻게 되었다. 칼뱅주의는 "이것은 내 몸이다"라는 말을 그리스도의 몸이 '나타난다'는 상징적인 의미로 받아들였다. 아나뱁티스트들은 인류를 위한 그리스도의 죽음을 기억하는 기념 행위로서 주의 만찬을 행한다. 주의 만찬에서 아나뱁티스트들은 이 기념적 측면을 항상 강조하며, 따라서 만찬의 무게중심은 항상 개인적 차원에서 공동체의 차원으로 변한다. 즉, 주의 만찬이 나타내는 것은 교회의 연합과 하나 됨이며, 주의 만찬에 참여하는 것은 각 사람이 이웃과 평화롭게 살아가며 서로를 향해 헌신을 다시 다짐한다는 의미를 띤다. 이처럼 공동체의 삶은 서로에게 매우 가깝고 친밀하게 연결되어 있다. 그런 까닭에 아나뱁티스트들에게 주의 만찬은 '매고 푸는' 그리스도의 법 없이 시행되어서는 안 된다.

이러한 점에서도 신학과 윤리 사이의 관계는 매우 가깝게 연결되어 있다. 아나뱁티스트들은 종종 다음과 같은 예수의 말씀을 인용하곤 한다. "나더러 주님, 주님 하는 사람이라고 해서 다 하늘나라에 들어가는 것이 아니다. 하늘에 계신 내 아버지의 뜻을 행하는 사람이라야 들어간다." 아나뱁티스트들은, 만약 사람들이 '주님, 주님' 하면서 하나님의 뜻을 행하지 않으면, 그들의 교리가 거짓임을 드러내는 것이라고 거듭 강조한다. 악한 삶을 드러내는 신학은 진짜배기가 아니다. 메노는 이 점에 대해 《기독교 교리의 기초》에서 '설교자들의 교리'라는 장과 '설교자들의 행위'라는 장을 할애하여 장황하게 설명했다.[88] 새로운 갱신의 삶이 없는 가르침은 거부되었다. 갱신이 없는 삶은 결국 거짓 가르침이기 때문이다. 특별히 삶 속의 폭력은 그들이 진리를 말하지 않는다는 결정적인 증거였다. 이에 대해 리데만은 다음과 같이 기록했다.

복음을 증거하지 않고 문자적 뜻만 전하는 설교는 그 설교가의 행동에 의해 드러나게 된다. 그들은 다른 사람들을 몰아세우

---

88   CW, pp. 164-177.

고, 사람들을 바보로 만들고, 사람들을 감옥에 가두고 고문하고 추방하고 죽이는 행동을 통해 자신의 가르침을 들으라고 압력을 가한다.[89]

그들의 교리들만 그런 것이 아니라 삶 속에서 선한 열매를 맺지 못하는 것은 그들이 복음을 곡해하기 때문이다. 그래서 그들이 속한 교회는 견디기 어려울 만큼 나쁜 모습이 되었다. 이에 대한 메노의 견해는 다음과 같다.

당신이 속한 교회가 행하는 일과 예배의 열매가 무엇인지 살펴보라. 교리는 어떠한지, 교리가 바람에 날려 아무런 열매를 맺지 못해 능력도 없고 영적이지 못한 모습은 아닌지 살펴보라. 당신이 참여하는 성례전들이 회개에 이르게 하는지, 당신의 삶이 악한 모습은 아닌지 살펴보라. 당신이 주장하는 자유의 끝이 탐욕은 아닌가? 당신의 절제하는 모습은 술을 끊는 모습인가? 당신의 순결은 진실한 것인가? 당신을 비천하게 만드는 교만은 어디에서 오는가? 당신은 다른 사람들을 어떻게 가르치며, 배우지 못한 회중들을 어떻게 가르치며, 그리스도께서 기뻐하는 교회가 되도록 어떻게 가르치는가? 우리는 당신이 마음속 깊이 뉘우치는 것과, 그리스도의 참된 지혜와 진실한 사랑과 하나님 나라를 따라가려는 진정한 열

89   *Confession*, p. 94.

망과, 이 세상 것에 대해 죽는 모습과, 진정한 겸손, 의로움, 친절, 자비, 정결, 복종, 지혜, 진리, 평화를 발견하지 못했다. 우리가 발견하는 것은 증오, 시기, 미움, 잔인하고 굳은 마음, 혐오, 하나님 말씀의 폐기, 이 세상에 대한 사랑, 교만, 자랑, 과시, 거짓말, 중상, 모략, 음란, 간음, 우상숭배, 절도, 악취, 노예 매매, 저주 등 온갖 악한 일이다.[90]

메노가 말하듯이 "행동 없는 말은 덕이 되지 못하는데도" 사람들은 신학, 특히 전통적인 신학을 거부하지 않는다. 그들은 사람들에게 믿음에 대해 질문을 받으면, 그저 단순히 사도신경을 줄곧 반복할 뿐이다. 그들은 자신의 입장을 옹호하기 위해 많은 글을 남기는데, 심지어 스스로의 행위를 높이기까지 한다. 이처럼 그들은 신학, 신학화 작업, 신학자들을 거부하지 않는다. 더 나아가 그들은 그리스도께 순종하는 사람들과 제자도의 길을 거부한다. 진정한 배움은 복종을 통해서만 일어난다. 한스 뎅크는 "삶 속에서 주를 따르지 않고 예수를 알 수 있는 사람은 없다."라는 유명한 말을 남겼다. 제자도의 삶이라는 그리스도의 학교에 들어가는 방법 외에 진정으로 진리를 알 수 있는 방법은 없다. 하나님은 그 사람이 많이 배웠든, 배우지 못했든, 성령을 통해 끊임없이 그 사람에게 자신을 드러내신다. 그 사람이 하나님을 이해하

---

90   *CW*, p. 209.

는가, 이해하지 못하는가는 지적 능력의 수준에 달려 있는 것이 아니라, 하나님과 하나님의 뜻에 얼마나 열려 있고 복종하는가에 달려 있다.

이러한 급진적인 입장은 아나뱁티스트들에 의해 방어되지 않았고 아나뱁티스트들을 박해했던 가톨릭과 프로테스탄트들의 매정한 공격에 의해 더욱 분명히 드러나게 되었다. 이러한 것들이 보편적으로 받아들여질 수 있는지는 의문의 여지가 있다. 그러므로 이로 인해 사회 전체에 불확실함과 불안함이 생겨났다. 이러한 사회적 변화에 대해서는 다음 장에서 살펴볼 것이다.

급진적 정치:
아나뱁티즘과 사회 변화

아나뱁티즘과 정치라는 단어를 서로 연결하여 사용하는 것이
좀 이상하게 느껴질지 모른다. 왜냐하면 실제 아나뱁티즘을 주
제로 한 모든 문헌들이 아나뱁티즘을 비정치적이라고 가정하거
나, 당연히 정치와 상관없다고 여기기 때문이다. 물론 어떤 사
람들은 애초부터 아나뱁티스트 운동이 정치적이었다고 규정하
기도 한다. 그러나 가장 먼저 인정해야 할 것은, 이 6장의 제목
이 역사적 상황을 다루는 데에 현대적 용어를 사용했다는 사실
이다. 이러한 일은 16세기와 20세기를 서로 연결하려는 염원 속
에서 이루어졌다. 만약 정부 지침을 거부한다는 의미에 국한하
여 비정치적이라는 용어를 정의한다면, 아나뱁티스트들은 비정
치적이었다고 할 수 있다. 그리고 아나뱁티스트들은 의미상 비

정치적이었다. 그러나 만약 맹세하는 것이 정치적 행동이라면, 맹세하지 않는 것도 정치적 영향을 주므로 정치적인 행동이라고 할 수 있다. 여기서 나는 정치적이라는 단어를 이러한 광의의 의미에서 사용했다.

16세기 대부분의 통치자들과 교회 지도자들은 교회와 국가의 관계는 물론 사회의 성격이라든가 국가의 기능에 대한 아나뱁티스트들의 정치적 관점을 합법적으로 받아들이기를 두려워했다. 중세 시대 사람들이 갖고 있었던 근본적인 신념은 종종 '기독교 국가주의corpus Christianum'라고 언급한 믿음, 즉 유럽 사회가 기독교 사회였다는 믿음에 근거를 둔다. 그것은 교회와 제국, 교황과 황제, 주교와 제후, 신부와 귀족이 사회 전체, 평화, 질서에 대한 책임을 나누어 갖는 연합을 의미했다. 종교적으로 개혁가들은 분명하고도 우수한 혁신주의자들이었지만, 사회적으로는 매우 보수적이었다. 실제로 주요 개혁가들은 이러한 사회적 연합에서는 모두 중세 사상을 고수하고 있었다. 츠빙글리와 루터가 급진적인 모습으로 잡음을 만들어 내기는 했으나, 그들은 곧 사회의 비기독교화 및 국가의 세속화라는 아주 실제적인 관점에 의해 함몰되었다. 이 점에서 그들의 보수주의가 득세했다. 그들은 이미 한참 발달한 단일주의 사회로부터 멀어지려는 경향들을 의식적으로나 의도적으로 반대했다.

아나뱁티즘은 기독교 사회를 이상적인 사회라고 여기는 권위적인 사람들이 주도하던 세상에 그 모습을 드러냈다. 실제로 국가주의가 잘 발달되고 있었고, 나라마다 기독교 사회의 이상이 정착되어 가고 있었다. 결과적으로 종교와 정치의 끝은 같은 모습이 되었다. 이러한 상황을 당연하게 여길 수 없었던 아나뱁티스트들은 성서의 원형을 진지하게 탐구하는 것으로 반응을 보였다. 그것은 그리스도인의 삶의 본질이 곧 제자도이고, 예수를 따르기로 헌신한 사람들의 모임을 교회라고 이해한 직접적인 결과였다. 이러한 모든 생각은 분명히 성서에 근거를 둔 것이다.

교회 및 사회 권력 간의 관계를 당연한 것으로 여기는 사람들과 아나뱁티스트 운동 사이의 갈등은 너무나 많은 곳에서 드러났다. 1525년 1월 취리히에서 콘라트 그레벨과 다른 동료들이 보여 준 유아 세례 반대는 정치적 행동으로 이해될 수밖에 없었다. 시의회는 아이가 태어나면 8일 이내에 유아에게 세례를 주도록 법으로 규정하고 있었다. 1525년 1월 21일 취리히에서 새로 생겨난 기독교 공동체는 사회의 연합을 통째로 깨뜨린 탁월한 정치적 행위였다. 아나뱁티스트들이 공유하고 있는 정치적 관점을 다섯 가지로 정리할 수 있을 것이다. 1) 관료 정치 참여에 대한 거부, 2) 맹세의 거부, 3) 폭력의 거부, 4) 종교의 자유 주창, 5) 새로운 경제관.

1. 관료 정치 참여에 대한 거부

　관료주의 정치에 참여하기를 거부하는 것은 두 가지 질서, 즉 오래된 질서와 새로운 질서에 대한 성서의 개념에 근거를 둔다. 메노 시몬스는 서로 반대되는 두 영주와 두 왕국, 즉 평화에 의한 왕국과 폭력에 의한 왕국에 대한 글을 썼다.[91] 정부(또는 관료)는 폭력을 통해 이루어진 왕국을 위해 일한다. 이 왕국에 속한 시민들은 하나님께 순종하는 사람들이 아니다. 또한 관료들은 악을 규제하도록 임명된 사람들이다. 이들은 "하나님의 진노와 복수의 종"으로 "피를 흘린 사람들을 위해 또 다른 피로 갚게 하는"[92] 방식, 즉 자신들에게 주어진 무력으로 임무를 수행한다. 이러한 기능은 하나님이 허락하신 것이며, 이를 통해 악을 심판하고 신실한 사람을 방어하고 보호한다.[93] 메노는 관료에 대해 다음과 같이 말했다.

　당신은 악한 사람을 징벌하고 선한 사람을 보호하며, 사람과 그들 동료 사이에 올바른 재판을 이끌어 나가도록 하나님에 의해 부름받고 임명되었습니다. 고아와 과부, 가난한 사람, 천시되는 낯선 사람과 순례자들에게 정의를 행하고, 이들을 폭력과 폭군들의

91　*CW*, p. 554.

92　*Confession*, pp. 104-105.

93　*SAW*, p. 141.

손에서 보호하며, 좋은 정책과 행정을 통해 도시와 나라를 의롭게 다스리며 (…) 일반 사람들에게 널리 유익을 끼치도록 임명받았습니다.[94]

국가가 그리스도의 주권Lordship을 받아들이지 않은 영적인 영역에서 권위를 행사하지만 사람들은 폭력의 군주들에게 복종해야 했다. 국가는 폭력으로 폭력을 다스릴 때 제한을 두고 이를 시행했다.[95] 그러나 다른 영역에서 사람들은 기쁘고 즐겁게 주권을 받아들였다. 그것은 평화의 왕에 의해 통치되는 영역이었다. 메노는 다음과 같이 설명했다.

예수 그리스도는 평화의 왕이시다. 그의 나라는 평화의 왕국이며, 그의 말씀은 평화의 언어이며, 그의 몸은 평화의 몸이다. 그의 자녀들은 평화의 씨앗이며, 그의 유산과 보상은 평화로 이루어진다. 간단하게 말하자면, 이러한 왕이 다스리는 그의 나라는 평화로 통치된다.[96]

---

94 *CW*, p. 551.

95 이 견해는 또한 두 왕국 이론에 대해 언급한 루터의 견해와 거의 동일하다. 사랑으로 이루어진 왕국이 하나요, 복수로 점철된 왕국이 또 다른 하나이다. 하나는 산상수훈을 적용하며 살고, 또 다른 하나는 적용하지 않는다. 루터는 그리스도인들에게 두 왕국에 다 적용된다고 말한 반면, 아나뱁티스트들은 행동과 삶이 일치하는 한 왕국만 적용해야 한다고 말했다.

96 *CW*, p. 554.

아나뱁티스트들은 자신들이 평화의 나라에 속해 있다는 사실을 잘 알고 있었다. 그들은 사람들이 갖고 있던 상식과는 근본적으로 다른 방식의 새로운 질서에 속해 있으며, 오래된 질서에 속해 있는 그 어떤 행위에도 참여할 수 없었다. 그렇기에 그들은 또한 분쟁의 낡은 질서에 속해 있는 관료 정치에 참여할 수 없었다. 한스 뎅크는 다음과 같이 지적했다. "주님을 자랑하는 그리스도인이라면 폭력을 사용하거나 폭력에 의한 통치를 허락하지 않는다. 악한 세상의 관점에서 보면 [관료의] 권력은 잘못이 아니다. 왜냐하면 권력은 하나님의 원수 갚는 역할을 하기 때문이다. 그러나 자녀들을 교육하는 데 더 나은 방식은 사랑이다."[97] 메노는 같은 내용을 더 감동적으로 표현했다. "그러므로 우리는 이러한 평화를 깨기를 원해서도 안 되고, 그의 위대한 권력에 의해 그가 우리를 평화로 부르셨으며, 죽음에 이르더라도 조금의 변화와 흔들림 없이 은혜와 평화로 그 길을 걸어가도록 우리를 부르셨습니다."[98] 만약 그리스도인들이 비폭력의 고백을 진지하게 받아들인다면, 그들은 자기 시대의 그 어떤 국가의 기능에 참여할 수 없을 것이다.

그러나 그들은 또한 시종일관된 모습을 보이면서 이와 반대되는 모습도 적용하기를 시도했다. 즉, 동일한 논리를 따라서 관

---

97   *Hans Denck: Schriften*, p. 85.

98   *Confession*, pp. 108-109도 보라.

료들이 새로운 질서인 교회의 일에 참여하지 못하도록 요구했
다. (관료) 권력의 기능은 본질적으로 폭력적이며, 교회 안에 폭력
이 들어설 자리가 없다. 그러므로 그들은 국가가 그 어떤 권리를
사용하여 교회 내의 의사결정에 개입할 여지를 두지 않았고, 교
회와 그 어떤 행동도 함께하지 못하도록 교회가 권력을 소유하
지 못하게 했다. 그들은 이러한 토대 위에 국가에 대한 절대주의
자들의 주장을 거절했고, 국가와 지역 정부의 권력을 엄격히 제
한했다. 이것은 실제로 거의 1,000년 동안 의문의 여지조차 없
이 당연한 것으로 여겨 왔던 주장을 일언지하에 거절한 급진적
시도였다.

그렇다고 이 점에서 아나뱁티스트들이 서로 완전한 일치를 보
인 것은 아니었다. 한편으로 아나뱁티스트들은 국가의 합법성을
받아들였지만, 또 다른 한편으로는 국가의 일에 참여하기를 거부
했다. 겉보기에도 이러한 모습은 해결할 수 없는 모순처럼 보인
다. 이러한 모순에 대해서는 좀 더 관심을 집중하여 다룰 필요가
있다.

잠시 이론적인 질문을 접어 두고, 아나뱁티스트들의 믿음의 문
제를 살펴보자. 믿음에 관하여 아나뱁티스트들은 그 어떤 사람
도 강요해서는 안 된다고 여겼고, 정부의 전통 방식인 권력을 사
용하기를 거부했으며, 기본적으로 비폭력을 지지했다. 이 사실은
너무나 분명하여 학문적으로도 정부에 참여하는 일에 의문을 갖

게 만들었다. 16세기 중반까지 유럽의 정부들은 모두 한목소리로 종교의 자유를 거부하는 전제주의자들이었다.

메노 시몬스와 필그람 마르펙이 갖고 있었던 신학적 질문에 이러한 견해가 잘 드러나 있다. 사실상 유럽의 모든 관료들과 통치자들이 스스로를 그리스도인이라 주장했기 때문에 정의나 의로움을 시행한다는 명목 아래 관료들을 뽑는 것은 오히려 당연한 일이 되었다. 아나뱁티스트들은 공권력을 (소유할 수 있는데도 불구하고) 소유하지 않았고 스스로를 그리스도를 따르는 사람이라고 고백했기 때문에, 사실 그들이 수많은 관료들에게 그리스도처럼 행하라고 요구할 때 아무런 불일치를 보이지 않았다.[99]

회개와 그리스도를 따르는 복음의 부르심에서 관료들도 예외는 없다. 아나뱁티스트들은 모든 사람이 복음에 반응해야 하고 제자로 살아야 한다고 믿었기 때문에 이 사실은 관료나 통치자들에게도 실제여야 했다. 그런 까닭에 예수를 따르는 사람들에게 겸손을 요구하고 폭력과 세상의 방식을 포기하도록 요구했다.

이러한 입장은 신실하게 부르심을 시행하는 방식과 직접 관련이 있다. 왜냐하면 이러한 방식은 마지막 심판 때에 하나님께서 그들에게 설명하는 방식이기 때문이다. 그들에게는 세상뿐만 아니라 하나님께 대한 책임이 주어져 있기 때문이다.[100]

---

99 *CW*, pp. 117, 119, 299, 528-529.
100 *CW*, pp. 118-119, 194, 206.

하나님께서 요구하신 것은 '그리스도의 완전함'을 통해 외면적 질서를 지키는 것이었다. 마르펙은 하나님께서 세우신 자연 규칙들은 도처에 사는 모든 사람들이 지켜야 하는 법이라고 기록했다. 이러한 자연 규칙은 하나님의 은혜에 의해 인간이 지킬 수 있는 총합이 아니라 인간의 외부적 필요에 충분한 것들이다.[101] 메노뿐만 아니라 마르펙 또한 구약 시대의 통치자들을 정의를 실현하기 위해 하나님이 세운 사람들이라고 보았다. 각 시대의 통치자들은 하나님의 뜻에 따라 자신들에게 주어진 직무를 적절히 감당하고 정의를 실천해야 할 의무가 있다고 주장했다. 마르펙은 이것이 유대인이든 이방인이든 이교도들이든 상관없이 모든 통치자들에게 해당하는 내용이며, 잠언 8장 15~16절을 인용하여 의로운 통치를 위해 하나님께서 천부적인 지혜를 주셨음을 뒷받침했다.[102] 물론 그리스도의 지혜가 가장 이상적인 통치 방식이기는 하지만, 통치자로서 모든 관료들이 자신에게 주어진 직무를 감당하기 위해 그리스도의 지혜를 소유할 필요는 없었다. 그렇다 하더라도 그리스도의 지혜는 통치자의 기능을 어렵게 만드는 원수를 사랑하라는 가르침, 십자가, 인내, 비폭력 등 많은 어려운 내용을 포함하고 있다.[103] 메노는 통치자들이 그들이 행하는 방식

---

101 *Marpeck, Writings*, p. 341.

102 위의 책, p. 366.

103 위의 책, p. 558.

보다 훨씬 적은 폭력과 압제를 사용하여 자신의 역할을 적절하고 신실하게 수행할 수 있다고 주장했고, 그렇게 살았던 구약의 예언서들을 장황하게 인용했다.[104]

물론 이 문제는 몇몇 아나뱁티스트들에게 여전히 문제로 남아 있다. 서로 상반된 모순을 설명하기 위한 반응은 예정론이라는 불편한 교리를 설명하기 위해 사용한 칼뱅의 최종 칭의론과 상당히 비슷한 면모를 지닌다.

관료 정치와 강압에 대한 주제가 당신을 그렇게 놀라게 하고, 다시 말해 하나님께서 안수하시고 세우셨지만 당신이 속한 당국이 여전히 정죄받고, 구원을 얻지 못하는 모습이라면. (…) 친애하는 이들이여, 하나님과 논쟁을 벌이는 그대는 누구인가? 지음받은 자가 "왜 나를 지으셨습니까?"라며 지은 자에게 말하겠는가? 능력이 있으신데도 진노의 잔을 엄청난 인내의 잔으로 끌어들이는 하나님께 문제가 있는 것인가?[105]

아나뱁티스트 관련 문헌들 중에 자신들의 입장을 이성적으로 변호하고자 했던 시도들은 존재하지 않는다. 이러한 인용문은 우리를 최종적인 권위, 즉 "그리스도와 사도들의 삶과 가르침"으로

---

104 *CW*, pp. 193, 196-197.

105 H. Hillerbrand, "The Anabaptist View of the State," *Mennonite Quarterly Review*, XXXII(April, 1958), p. 101에서 인용.

돌아가게 한다. 믿음은 항상 그리스도의 권위에 복종하는 것이며, 이성도 이 권위에 복종해야 한다.

물론, 사람들은 아나뱁티스트의 입장이 관료 개혁가들이 취하는 입장만큼 유효한지 아닌지에 대해서도 합법적으로 질문할 수 있다. 왜 어떤 아나뱁티스트들은 정부에 참여하려고 했는가? 정치권력을 행사할 때 정부의 강요와 폭력에 동참하는 것보다 대항 공동체를 건설하는 것이 더 중요하다고 주장하는 관점은 잘못되었다고 판단했던 일부 아나뱁티스트들은 무엇을 근거로 하는가? 이런저런 질문들은 특히 우리 시대에 좀 더 세심하게 많은 관심을 가져야 할 질문들이다.

2. 맹세의 거부

맹세와 관련된 가장 기본적인 설명은 "너희는 도무지 맹세하지 말라."라고 한 예수의 금지 항목에서 발견된다.[106] 진리는 말하면 되는 것이기 때문에, 예수의 제자들은 맹세를 하지 않았다. 물론 제자들은 진리이신 그리스도께 속했기 때문에 있는 그대로 진리를 말했다.

그러나 맹세를 거부하는 것은 당시 아나뱁티스트들을 국가와 직접적인 갈등의 상황으로 이끌어 갔다. 맹세의 기능은 단순히 진리를 말하고 확증하는 것일 뿐만 아니라, 정치적 충성을 담

---

106 *CW*, pp. 517-521; *Confession*, pp. 114 이하.

보하는 행위이기도 했다. 맹세는 봉건제도와 밀착되어 있었고, 16세기 유럽에서 여전히 정치와 밀접하게 관련되어 있었다. 예를 들어 스트라스부르는 '슈보르타크(Schwörtag, 맹세의 날)'로 알려진 제도를 갖고 있었는데, 이날 모든 시민들은 대성당 앞에 모여서 공식적으로 국가에 대한 충성을 맹세해야 했다.[107] 이 맹세는 전쟁의 시기에 국가를 후원할 만반의 준비는 물론 국가에 대한 충성과 연결된다. 1531~1534년에 기록된 사건들은 아나뱁티스트들이 맹세를 거부했다는 사실을 드러내 준다. 물론 이러한 행위는 국가의 근간을 뒤흔드는 것으로 간주되었다. 시민들이 국가에 대한 충성 맹세를 거부한다면 국가는 위험에 빠지기 때문에, 이들을 기소하고 구형에 처한 것은 자연스러운 결과였다. 그러나 아나뱁티스트들은 선한 양심으로 국가에 대해 충성을 맹세할 수 없었다. 왜냐하면 이는 곧 자신들이 폭력을 행사하는 일에 헌신하겠다는 의미였으며, 결국 그들이 감당할 수 없는 국가의 기능을 인정하는 행위가 되기 때문이었다. 그래서 이들이 정치적 선동가로 의심받은 것은 오히려 당연한 일이었다.

3. 전쟁의 거부

국가의 기능으로서 전쟁에 대한 아나뱁티스트들의 관점과 전쟁에 대한 제자들의 태도는 아주 명백하다. 좀 다르게 표현하자

---

107 *Quellen zur Geschichte der Täufer: Elsass I. Teil*, ed. M. Krebs and H. G. Rott, Gütersloh, 1959, no. 238, Vol. II, nos. 355, 359, 374, 539.

면, 전쟁에 대한 이들의 입장은 성서의 어느 한두 구절에 근거한 것이 아니다. 그들 중 실제로 몇 사람 또는 그 어느 누구도 실제 군복무에 직면하지 않았을 것이라고 추측한다면 그야말로 큰 오해이다. 당시 유럽의 군대들은 지원병 또는 고용병이었기 때문에, 유럽에서 징집은 없었다.

이 말은 전쟁에 대한 그들의 입장이 이미 충분히 부적절했기 때문에 유달리 급진적이지 않았다는 것을 의미한다. 실제로 군복무에 직면한 사람이 많지 않았을 것이라는 입장은 단지 16세기 중반 이전의 유럽에서 볼 수 있는 국가와 아나뱁티스트들의 관계에 대해 잘 모르는 사람들 또는 당시의 종교적 맥락 속에서 아나뱁티스트들이 표방한 전쟁관을 제대로 알지 못하는 사람들만이 주장할 수 있었다.

당시에는 전쟁이 끊임없이 일어났다. 황제 카를 5세는 교황이나 프랑스의 프랑수아 1세를 상대로 항상 전쟁을 해왔다. 게다가 유럽의 이쪽 끝에서 저쪽 끝까지 영토 분쟁이 끊임이 없었다. 영국의 역사가인 헤일J. R. Hale은 당시 상황을 이렇게 기술했다.

1560년에 이르는 지난 100년의 역사는 18세기에 이르기까지 그 어떤 시대보다 전쟁 기술의 혁명에 있어 결정적인 시기였다.
화약의 발견은 전쟁의 전면적인 변화를 더욱 촉진했다. 수많은 전쟁이 벌어지면서 전쟁을 치르는 방법이 빠르게 습득되었다.

로마 제국의 예를 들어 판단해 볼 때, 국가의 위대함은 우선 국가의 강함에 있다고 확신하게 되었고, 이는 강한 군대에 의해 보장되어야 했다. 강한 군사력이 평화를 보장해 준다는 이해를 토대로 하여 전쟁 기술과 과학이 번영을 누렸고, 국가는 번창하게 되었다.[108]

또한, 당시에는 전 유럽이 오스만 제국의 침략이라는 공포에 떨고 있었다. 그러므로 미하엘 자틀러가 오스만 제국의 군대와 싸우지 않겠다고 한 것은, 우리 시대에 공산주의자들을 상대로 싸우지 않겠다고 한 것과 거의 같은 표현이었다. 전쟁을 거부한다는 것은 기독교 유럽을 정복하려는 이교도들에게 모든 것을 내준다는 의미였다.

행동으로 옮긴 것도 아니고 그저 싸우지 않겠다고 말하는 것만으로도 유럽의 방어력을 약화시킨다고 믿었다. 아나뱁티스트들이 전쟁에 대해 이의를 제기하는 것은 도무지 간과할 수 없는 주장이었다.

게다가 기억해야 할 것은, 아나뱁티스트들이 이러한 입장에 대해 이야기할 때마다 자신들이 그리스도인이라는 사실과 유럽의 전쟁들이 항상 그리스도인들 간의 전쟁임을 공표했다는 사실이다. 그러므로 아나뱁티스트들의 주장은 그리스도인들의 말로 하

---

108 *No other Foundation* (Newton: Herald Press 1962), p. 9.

는 고백과 신앙이 정면으로 반대되는 것임을 드러냄으로써 이 주제에 대한 교회의 연합이 절실하다는 것을 증거한 셈이다. 다시 말해 가톨릭이든 프로테스탄트든 그리스도인들은 저마다 자신의 입장에서 평화의 왕께 충성을 다한다고 고백하면서 실제 행동으로는 부정한 셈이다. 말로는 그리스도 교회의 지체들이라고 선언하지만, 실제로는 항상 서로를 죽일 준비가 되어 있었다. 자틀러는 다음과 같이 정확하게 그 핵심을 짚었다.

> 만약 전쟁을 하는 것이 옳다면, 나는 오스만튀르크족이 아니라 신실한 그리스도인들을 박해하고 잡아 죽이는 명목상 그리스도인들이라고 말하는 이들을 상대하기 위해 들판으로 나갈 것이다. 오스만튀르크족은 기독교 신앙을 전혀 알지 못한 채 육을 좇는 사람들이다. 그러나 그리스도인들인 여러분, 그리스도를 자랑하는 여러분들이 그리스도를 신실하게 증거하는 사람들을 박해한다면, 여러분은 오스만튀르크족의 정신을 따르는 것이 아닌가![109]

이 점에서 콘라트 그레벨과 펠릭스 만츠는 츠빙글리의 인문주의에 의해 강한 영향력을 받았다. 츠빙글리는 취리히를 비롯하여 스위스의 많은 도시에서 시행되고 있는 모병 제도를 강력하게 반대했다. 그런데도 불구하고 그레벨이나 그와 함께했던 동료들의

---
109 *SAW*, p. 141.

기본적인 주장들을 면밀히 살펴볼 때, 그의 주장에서 우리는 아주 깊은 성서적인 가르침과 지침을 발견할 수 있다. 이러한 주장들은 인문주의자들이 표방하는 평화주의와는 많은 차이가 있다. 이들의 주장은 열정적이면서도 타협을 거부했다.

그레벨은 "복음과 그 복음을 따르는 사람들은 검(무력)에 의해 보호를 받아서는 안 되며, 마찬가지로 검을 통해 자신을 보호해서도 안 된다."라고 말했다. 국가의 검은 복음이나 교회와 아무런 상관이 없다는 주장이 기본 가정이다. 검은 옛 질서에서나 소용된다. "신자들로서 진정한 그리스도인들은 (…) 전쟁에서 세속적인 검을 사용하지 않는다. 왜냐하면 모든 사람을 죽이는 것은 같이 망하는 길이기 때문이며 실제로 우리가 옛 법에 속한 사람들이 아니기 때문이다."[110] 다음은 메노의 말이다.

모든 그리스도인들은 원수들을 사랑하며, 자신들을 괴롭히거나 박해하는 사람에게 선을 행하며, 속옷을 갖고자 하는 자에게 겉옷까지 내어주며, 오른뺨을 치거든 왼뺨도 돌려 대라는 명령을 행하는 자들이다. 영적인 보복, 배반, 전쟁, 구타, 학살, 고문, 거짓, 강포, 약탈, 화재, 정복 등에 대해 어떻게 그리스도인들이 방어해야 하는가?[111]

---

110 *SAW*, p. 80.
111 *CW*, p. 555.

이전에 평화를 전혀 알지 못한 사람들이 이제 평화로 부름을 받고 있다는 사실에 대해 그는 다음과 같이 기록했다.

그러므로 우리는 우리를 평화로 부르신 하나님의 위대한 능력에 의해서 이러한 평화를 지키길 희망하며 (…) 그의 은혜와 평화 안에서 변함없고 흔들리지 않는 모습으로 죽을 때까지 이 길을 걷기를 희망한다.[112]

클라우스 펠빙거Claus Felbinger는 1560년 그의 신앙 고백서에서 다음과 같이 표현했다.

그러므로 우리는 주님을 위하여 정부에 기꺼이 순복합니다. 그리고 모든 정의로운 일에 관해서는 결코 반대하지 않을 것입니다. 그러나 정부가 우리의 신앙과 양심에 위배되는 일, 즉 맹세, 사형 집행을 묵인하고 대가를 지불하는 일, 전쟁을 위한 세금을 내는 일 등을 요구할 때에 그 명령에 순종하지 않습니다.[113]

페테르 리데만은 이에 대해 다음과 같이 말했다.

---

[112] 위의 책.

[113] *Mennonite Quarterly Review*, XXIX(April, 1955), p. 147.

그러므로 많은 말을 할 필요가 없습니다. 그리스도인들은 전쟁에 참여하거나 복수할 수 없다는 것이 명백하기 때문입니다.[114]

중세 시대 이래로 비국교도들과 비신자들을 죽음에 처하는 것은 합법이었다. 그렇게 하는 것이 스스로 선함을 이루는 것이라 주장했다. 그렇게 함으로써 자신들을 타락으로부터 보호하고 더 나아가 실수를 하지 않는 것이라 여겼다. 때때로 고문을 가하고 죽음에 처하는 것이 그들을 '회개'하도록 만드는 것이라 여겼다. 이러한 입장에 대한 변종이 뮌스터 사건이었으며, 이는 무력으로 하나님의 나라를 이루고자 했던 아나뱁티스트 운동이었다. 이들은 사악한 사람들을 다루는 유일한 방식은 자신들의 방식에 동조하지 않는 믿지 않는 사람들을 박해하고 죽여 버리는 것이라고 주장했다. 이에 대해 메노는 다음과 같이 기록하고 있다.

어떤 사람들은 주께서 바벨론을 진멸하시길 원하시는데, 이러한 일을 그의 백성인 그리스도인들이 해야만 한다고 말한다. 그들이 주의 도구들임에 틀림없기 때문이다.

다윗의 검으로 싸우기 원하며 주님의 종들이기도 한 여러분 모두는 이러한 말들을 깊이 숙고함으로써 종으로서 어떻게 생각해야 하는지 봐야 한다. 만약 그 사람이 싸우려 들거나 논쟁하려 들

---

114 *Confession*, p. 109.

지 않는다면, 어떻게 그가 싸우겠는가? 만약 그 사람이 모든 사람에게 친절하다면, 어떻게 그가 사도적 무기들을 잊겠는가? 그는 사도적 무기들을 필요로 할 것이다. 만약 그가 자신을 반대하는 사람들에게 온유한 모습으로 가르친다면, 어떻게 사람들을 죽일 수 있겠는가?[115]

인류는 폭력과 사람을 죽이는 방법으로 진리에 도달할 수 없다. 오직 인내와 사랑과 온유함을 통해서만 진리에 도달할 수 있다. 폭력과 살인은 그리스도께 복종하기를 거부하는 행위이다. 왜냐하면 폭력과 살인은 궁극적인 기독교의 목표를 이루는 데 사용해서는 안 되는 방법이기 때문이다.

4. 종교의 자유 주창

종교의 자유에 대해 아나뱁티스트들이 주장하는 바는 이전에 논의한 내용과 직접 관련이 있다. 여기에서 다시 인문주의자들의 영향에 대해 논의할 필요가 있지만, 인문주의자들이 이상적으로 제안한 것보다 아나뱁티스트들이 강조한 개인의 믿음에 대한 자유의 내용을 중심으로 다루려 한다. 모든 사람들에게 종교의 자유를 주어야 한다는 청원은 단순히 그리스도의 법칙을 확대 적용한 것이다.

---

115 *CW*, p. 46.

예를 들어 만약 교회 내에 어떤 사람이 폭력을 사용하고 회개하지 않거나 다른 그리스도인에게 잘못을 행하고도 이를 인정하지 않는다면, 그 사람은 교회를 떠나야 한다. 더 나아가 이러한 관점은 하나님의 종이 믿지 않는 사람들과 어떻게 관계해야 하는지에 대한 메노의 견해에 잘 드러나 있다. 온유와 친절로써, 믿지 않는 사람들을 회개로 인도해야 한다. 폭력과 강요로는 선교의 목적을 온전히 이루어 낼 수 없을 것이다.

때때로 프로테스탄트 개혁의 입장에서 제시된 종교의 자유에 대한 자료들을 볼 수 있다. 이러한 입장들은 폭넓은 의미에서 볼 때 다소간 유효성이 있다. 종교의 다양성을 발전시키는 과정에서 사람들은 서로를 그대로 내버려 둘 수 있는 방법을 배워야만 한다. 이러한 종교적 관용religious toleration을 종교 개혁의 열매라고 말할 수도 있을 것이다. 프로테스탄트와 가톨릭이 군사력으로 서로를 몰살시킬 수 없다는 사실을 알았을 때, 그들은 더 이상 싸울 힘이 없어서 서로에 대해 관용해야 함을 사실로 인정해야 했다. 개혁기에 츠빙글리, 루터, 칼뱅이 종교적 자유의 개념을 완전히 거절했다는 것은 사실이다. 다음은 1526년 루터가 쓴 글이다.

사람들이 무엇을 믿고 무엇을 붙들고 있는지 설명하는 것이 우리의 의도는 아니지만, 여전히 우리는 우리의 지배 권력을 반대하는 그 어떤 분파나 분리를 묵과하지 않을 것입니다. 이는 유해한

반란이나 해악이 될 만한 행위를 미연에 방지하기 위함입니다.[116]

츠빙글리도 이와 유사한 글로 자신의 심경을 표현했다.

기독교 통치자들이 미사와 지위를 폐지해야 할 이유가 어디에 있습니까? (…) 그러한 잔인한 행동을 피하는 것이 사제들의 목을 따는 것을 의미하지는 않습니다. 그러나 만약 그렇지 않다면, 가장 가혹한 방식이라 할지라도 따르기를 주저할 이유가 없을 것입니다.[117]

칼뱅의 입장은 너무나도 잘 알려져 있다. 그는 종교에 대한 모든 형태의 관용에 대해 반대하는 입장을 취했고, 이단들을 취급할 때에는 인간의 감정을 철저하게 제거해야 한다고 주장했다.[118] 그가 이렇게 불관용의 입장을 취한 이유는 그가 기록한 문헌에 명백하게 드러나 있다.

간단히 말하자면, 제바스티안 프랑크Sebastian Franck와 세바스티앙 카스텔리오Sebastian Castellio를 비롯한 몇몇 아나뱁티스트들

---

116 Kamen, *The Rise of Toleration* (New York: World University Library, 1967), p. 35에서 인용.

117 위의 책, p. 46.

118 John T. McNeill, *The History and Character of Calvinism* (New York: Oxford University Press, 1967), p. 176; 위의 책, p. 79.

은 종교의 자유를 주창한 최초의 사람들이다. 발타자르 후프마이어는 1524년《이단과 이들을 화형에 처한 사람들에 관해 *Concerning Heretics and Those Who Burn Them*》라는 작은 책을 썼다. 헨리 카멘Henry Kamen은 이를 두고 "유럽에서 완전한 관용에 대해 작성된 최초의 탄원서"라고 언급했다. 다음은 후프마이어의 글이다.

> 사람들은 화가 아니라 부드럽고 거룩한 지식으로 이단들을 극복해야 한다. (⋯) 만약 이단들이 건강한 증거들이나 복음주의적 이성들의 가르침을 받아들이지 않는다면, 그들을 그대로 두거나 흥분 상태로 내버려 두어야 한다. (⋯) 이단들을 불구덩이에 들어가라고 정죄하는 법은 피로 물든 시온과 사악한 예루살렘을 건설한다. (⋯) 이것이 바로 "가라지를 뽑다가 밀까지 뽑으면 어떻게 하겠느냐? 추수 때까지 둘 다 함께 자라도록 내버려 두어라."라고 말씀하신 예수의 뜻이다.

> 많은 이단들이 있지만, 가톨릭 종교 재판관들은 그리스도의 모범과 가르침을 거스르는 최악의 이단들이다. 왜냐하면 이단이라고 정죄하면서 사람들을 화형시키고, 마지막 추수 때가 오기도 전에 가라지를 뽑는다면서 밀을 뽑아내기 때문이다. 그리스도께서는 살육자, 파괴자, 화형시키는 자로 오신 분이 아니라, 양으로 생명을 얻게 하고 더 풍성히 얻게 하려고 오신 분이시기 때문이다.[119]

---

119 Kamen, 앞의 책, pp. 60-61.

한스 뎅크는 미가 선지자에 대해 해석하면서 다음과 같은 글을 남겼다.

그러한 안전은, 그들이 오스만튀르크족이든 이교도들이든 그들의 땅에서 신앙을 정부 관료에 강제로 복종하는 모습이 아니라, 각 사람이 다른 사람들을 평화 안에 거하고 살아가도록 하는 진정한 복음의 실천과 외면적인 모습으로 존재할 것이다. 이러한 모습보다 더 바랄 것이 무엇이 있는가? 나는 이 점에서 예언자들이 말하는 입장을 견고히 지지한다. 모든 사람들은 자신들이 믿는 하나님 이름 안에서 얼마든지 자유롭게 행동할 수 있어야 한다. 그 누구도 이방인이든, 유대인이든, 그리스도인이든 다른 사람들의 자유를 빼앗아서는 안 된다. 오히려 모든 사람들이 그들이 믿는 하나님의 이름 안에서 모든 지역에서 자유를 보장받아야 한다. 이것이 하나님께서 우리에게 주시는 평화를 누리는 방식이다.[120]

메노는 적절한 국가의 역할 및 기본에 대해 언급하면서 주로 관용에 대한 긴 탄원의 글을 남겼다. 1534년 스트라스부르 시의회에 보낸 레오폴트 샤른슐라거의 청원서 또한 좋은 예이다. 다음은 그 청원서의 일부이다.

---

120 *Hans Denck: Schriften 3. Teil*, ed. W. Fellmann(Gütersloh, 1960), p. 66.

친애하는 영주님, 저는 영주님들의 믿음이 어뗘한지 스스로 질문해 보시라고 말씀드리고 싶습니다. 만약 영주님들이 진짜 진리를 사랑하신다면, 저는 각자 자신의 뜻에 따라 하나님께 자유로이 나아갈 수 있기를 원하며 강요가 아닌 자발적으로 하나님을 섬기길 원합니다. 그렇게 원하시는 영주님들의 믿음에 대해 의심하지 않습니다. 만약 영주님들이 받아들일 수 없는 사실을 받아들이도록 강요를 당한다면, 그러한 비양심적인 믿음을 받아들여서는 안 되며, 이러한 점에서 항상 자유롭게 결정하실 수 있으리라고 생각합니다. 그러므로 이러한 믿음의 문제는 저나 저와 함께하는 사람들이 모두 심사숙고하고 담대한 마음으로 선택한 것이며, 모든 사람들 또한 그렇게 선택해야만 한다는 사실을 충심 어린 마음으로 말씀드립니다. 우리는 폭력과 무력을 의지하여 우리 자신이나 우리의 믿음을 옹호할 그 어뗘한 의도도 갖고 있지 않습니다. 그렇지만 우리가 기도하는바 하나님의 능력 안에서, 죽음에 이르는 고통과 인내로 우리 자신과 믿음을 변호할 것입니다.

친애하는 영주님, 영주님들께서는 우리에게 믿음을 포기하고 당신들의 말을 들으라고 촉구하십니다. 그것은 마치 황제가 여러분에게 여러분의 믿음을 포기하고 황제의 말을 받아들이라는 것과 똑같은 이치입니다. 저는 여러분들의 양심에 호소합니다. 하나님 앞에서 황제의 말을 듣는 것이 옳다고 생각하십니까? 우리가 당신에게 복종하는 것이 옳다고 말할 수 있는 유사한 경우가 있다면 어떤 것입니까? 그렇게 말할 때, 여러분은 우상숭배, 교황 절대주의, 수도원 운동, 또는 미사나 다른 모든 것들을 다시 소개할 의무가 있다고 분명히 말할 수 있어야 합니다. 그러나 만약 하나님 앞에서 황제에게 복종하는 것이 옳지 않다고 말한다면, 한 불쌍한 그리스도인으로서 여러분에게 하나님을 위해 그리고 여러분의 영혼 구원을 위해 간청합니다. 제발 여러분의 양심을 따라 사시고, 우리 불쌍한 사람들 위에 주님의 자비가 함께하기를 빕니다.[121]

그는 신앙의 자유를 당연한 것으로 여겼으며 실제로 사람들도 그것이 옳다고 주장했다. 그리고 논리적으로 이러한 주장은 모두에게 적용해야 했다.

5. 새로운 경제관

끝으로, 아나뱁티스트들의 경제관은 매우 급진적이었다. 16세기의 상황에서든 현재 우리가 사는 시대에서든, 경제와 정치가 서로 분리될 수 없다는 사실은 명백하다. 결국 아나뱁티스트 관점은 본질적으로 경제와도 연관되어 있다.

경제에 관한 아나뱁티스트들의 진술들은 교회에 대한 이해라는 맥락에서 이해해야만 한다. 이 주제는 종교적인 틀 안에서 이야기할 때 너무나 쉽게 뒷전으로 밀려나기 때문에, 그들의 경제

---

121 Walter Klaassen, *Anabaptism in Outline* (Scottdale: Herald Press, 1982), p. 294.

적 관점에 대한 논의 및 글쓰기는 폭넓은 사회적 함의에 가려진 채 제대로 논의하지 못했다.[122] 우리는 개인의 재산, 관심사 및 고리대금업 등 경제 문제에 대한 아나뱁티스트 관점이 영적으로 매우 중요하며, 교회와 세상 속에서 살아가는 그리스도인의 삶의 방식에서 매우 중요하다는 사실을 기억해야 한다.

경제적 불의는 아나뱁티스트들에게 큰 반향을 불러일으켰다. 대개 그들의 성난 진술들은 공동으로 재산을 소유했다는 이유로 고발을 당한 데 대한 답변을 기록해 놓은 것이다. 다음은 메노가 1552년 프로테스탄트 목사에 대해 쓴 글이다.

참된 기독교의 표지를 완전히 잃어버렸다는 사실조차 하나도 기억하지도 못하면서 저 불쌍한 이들이 하나님의 말씀을 가졌다고 자랑하고, 진실한 사람임을 자랑하고, 교회에 대해 자랑하는 것은 참으로 슬프고 참을 수 없는 위선이 아닌가? 그들 중 많은 이들이 거의 모든 것을 풍성하게 가졌는데도 불구하고, 비단과 벨벳, 금과 은, 각종 화려하고 호화로운 물건들을 손에 넣으려고 돌아다니고, 그들의 집을 값비싼 가구로 장식하고, 돈궤를 가득 채우며, 호화롭고 사치스럽게 산다. 그러나 그들은 불쌍하고, 굶주리고, 고통받고, 늙고, 앞을 보지 못하고, 아픈 모습으로 자기 집 문 앞에 와서

---

122 이에 대해 D. Sommer, "Peter Rideman and Menno Simons on Economics," *Mennonite Quarterly Review*, XXVIII(July, 1954), pp. 205-222을 보라.

빵을 구걸하며 도움을 요청하는, 가난으로 괴로워하는 수많은 교우들(이 교우들이 같은 세례를 받고 같은 성찬을 나누고 있는데도 불구하고)에게 고통을 가중시킨다.

쉬운 복음을 가르치고 빵 한 조각조차 나눌 줄 모르는 너희들에게 수치가 임하리라. 여러 해 동안 그 많은 복음을 가르치고 성례를 집전했지만 아무런 능력을 발휘하지 못했던 너희들, 길거리에서 도움을 요청하고 비참한 모습으로 사는 교우들에게 손을 내밀지 않았던 너희들에게 화가 미치리라.[123]

리데만은 1542년 개인적인 기업을 갖고 있는 것에 대해 크게 분개하는 글을 썼다.

하지만 한 가지 상품을 사서 이윤을 얻기 위하여 그것을 산 상태 그대로 다시 파는 행위는 잘못된 것입니다. 이것은 그 상품을 가난한 자에게 더 비싼 것이 되게 합니다. 이것은 그들의 입에서 빵을 훔치는 것이며, 그들이 모든 것을 잃고 부자들의 종이 되게 합니다. (…) 어떤 사람들은 한 상품을 이 손에서 저 손으로 옮기는 것이 가난한 사람에게 유익을 준다고 말합니다. 하지만 그러한 사람들은 가난을 핑계로 삼아 자기 이익을 먼저 추구합니다. 또한 그들은 가난한 자들이 자신의 지갑에 한 푼의 돈이라도 갖고 있는 한에서

---

123 *CW*, p. 559; *CW*, pp. 195, 528을 보라.

만 그들을 생각합니다.[124]

이러한 글들을 통해 우리는 아나뱁티스트들이 부자들에게 착취당하는 가난한 사람들과 방치된 사람들의 입장을 대변했음을 알 수 있다. 그들에게 경제 문제는 복음에 대해 얼마나 신실한지를 가늠하는 질문이 되었다. 그런 까닭에 자신들의 재산과 물질의 사용에 대해 늘 질문하는 태도를 가졌다.

모든 아나뱁티스트들은 자신들이 하나님 나라의 시민임을 잘 알고 있었으며, 하나님 나라에서는 '자기 것'과 '다른 이들의 것'이 따로 있을 수 없다는 데 동의했다. 모라비아에 살았던 후터라이트들은 이러한 사상을 생산과 소비에서 모든 사람들이 가진 것을 온전히 공유하는 완전한 공동체로 발전시켰다. 대다수 공동체들은 통상적으로 사람들이 소비에 관련된 것만 공유한다. 생산과 나눔을 모두 공유하는 물질 공동체는 예수의 제자들의 새로운 공동체에 주어진 명령의 부분이다. 그들은 이러한 방식을 모든 사회에 적용할 의도가 없었다. 가난한 사람들이 조금이라도 부자들의 소유를 가질 권한이 있다는 경제적 원칙들을 받아들일 사람은 많지 않았다.

그들은 단순히 믿음의 공동체 안에 가난한 사람이 있어서는 안 된다고 믿었다. 이러한 사실에 대한 최초의 기록들을 발견할 수

---

124 *Confession*, p. 127.

있다. 취리히 최초의 아나뱁티스트 지도자였던 게오르게 블라우로크와 펠릭스 만츠는 선한 그리스도인은 그가 가진 것을 가난한 사람들에게 기꺼이 나누어 주는 사람들이라고 말했다. 1년 뒤에 발타자르 후프마이어는 다음과 같은 글을 남겼다.

> 물질 나눔 공동체에 관하여, 나는 항상 모든 사람이 다른 이들의 필요에 대해 관심을 가져야만 한다고 말해 왔다. 그래서 가난한 사람이 음식을 먹고, 목마른 사람이 물을 마시며, 헐벗은 사람이 옷을 입어야 한다. 우리는 우리가 소유한 재산의 주인이 아니라 청지기이자 나누어 주는 사람이기 때문이다. 분명히 말하건대, 이것은 다른 사람들의 재산을 몰수해서 공유해야 한다고 말하는 것이 아니다. 오히려 자기 자신의 외투를 벗어 추위에 떨고 있는 다른 사람에게 기꺼이 주는 모습이어야 한다.[125]

1527년 암브로시우스 스피텔마이어Ambrosius Spitelmeier는 진정한 그리스도인은 아무것도 소유해서는 안 되며, 그리스도인들은 '우리 아버지'라고 고백하는 사람들이기 때문에 모든 것은 '우리 모두의 것'이라고 주장했다. 이러한 진술들은 셀 수 없이 많이 반복되어 번져 나갔다. 위에서 언급한 후터라이트를 제외한 아나뱁

---

125 P. J. Klassen, *The Economics of Anabaptism* (The Hague: Mouton, 1964), p. 32에서 인용.

티스트들은 사유 재산을 인정했다. 공동으로 재산을 공유하지는 않았지만, 그러한 방식으로 재산을 대했다.

그러나 개혁가들과 정부 관료들은 이러한 경제적 관점을 진지하게 받아들이지 못했다. 왜냐하면 그들의 생각에 그리스도인들이 자기 자신의 소유로서 아무것도 요구하지 않는다는 것은 분쟁의 불씨를 지피는 행위나 다름이 없었기 때문이다. 사실 이러한 그들의 염려가 표출되었는데, 특히 1500년부터 1565년 사이에 물건 값이 가파르게 상승한 반면 임금이 오르지 않은 상황이 발생하여 가난한 사람들이 고통을 받았기 때문이었다. 츠빙글리와 필리프 멜란히톤Philipp Melanchthon은 둘 다 아나뱁티스트들의 사유 재산에 대한 질문에 대해 언급하면서[126] 이들을 선동자들로 보았다. 1525년 츠빙글리는 자신의 추종자 중에서 이러한 관점을 견지하는 사람들에 대해 조심스러운 태도를 취했다. 멜란히톤은 특히 이러한 관점을 두려워했다. 1535년 그는 "이러한 조항은 정직하게 일하여 버는 사람들보다는 제대로 훈련되지 않은 무리들과 일하기는 원치 않고 쓰기만 원하는 어중이떠중이들을 현혹시킨다. 강도와 선동을 부추기는 이러한 가르침은 이해하기 어렵지

---

126 1523년 츠빙글리는 "비록 우리가 본질상 죄를 짓지 않았다 할지라도, 하나님 앞에서 재산을 소유한 것만으로도 충분한 죄목이 됩니다. 하나님께서 우리가 스스로 필요한 것을 충당하도록 우리를 자유롭게 하셨습니다."라고 말했다. John Horsch, *The Hutterian Brethren* (Goshen, Ind.: The Mennonite Historical Society, 1931), p. 132에서 인용.

않다."[127]라는 기록을 남겼다.

그러므로 아나뱁티스트들이 자신들의 공동체에 만연해 있는 재산에 대해 새로운 태도를 갖기 기대하면서, 그리고 다른 한편으로 이러한 태도가 전체 사회로 확장된 시대가 없었다는 것을 알았다. 그런데도 불구하고 이들이 갖고 있는 태도는 사회의 안정을 위협하는 것으로 묘사되곤 한다. 이러한 경제적 관점이 사회에 퍼지면서 경제적으로 큰 영향력을 끼칠 수 있었을 것이다. 이 운동이 권위를 인정받게 되면서 이들이 주장한 경제적 모습도 점차 충분히 이해할 수 있게 되었다.

아나뱁티스트들은 시민권이라든가 종교적 자유에 대한 권리를 부여받지 못했다. 여기에서 굳이 그러한 이유들을 속속들이 살펴볼 필요는 없다. 국가의 기능, 맹세, 폭력, 종교적 자유, 경제 등에 대해 그들이 가지고 있던 관점들은 기존의 사회 질서를 위협했다. 헨리 카멘은 그의 책에서, 아나뱁티스트들은 꽤나 귀찮은 존재였지만 이러한 관점들이 위협적이지는 않았다고 설명했다. 종교 개혁가들과 권력자 집단은 이 점을 누구보다 잘 알고 있었다. 그들은 아나뱁티즘이 널리 퍼지고 많은 사람들이 이러한 사상을 채택한다면 유럽 사회가 혼돈, 즉 기존 사회 질서가 와해되리라는 사실을 뮌스터 사건 훨씬 전부터 잘 알고 있었다. 아나뱁티스트들은 사회 혁명가들로 이해되었고, 본질적으로 이렇게

---

127 P. J. Klassen, 앞의 책, p. 41 각주 76에서 인용.

그들을 규정하는 것이 틀리지 않았다. 아나뱁티스트들이 잔인할 정도로 오해를 받아 왔다고 보는 몇몇 메노나이트 역사가들의 지속적인 주장들은 완전히 정확한 설명이 아니다. 이보다 더 정확한 설명은, 박해자들이 아나뱁티스트들이 믿고 실천에 옮긴 내용들이 얼마나 폭발적인 영향력이 있는지 그 본질을 알았기 때문에 아나뱁티스트들을 박해했다는 것이다. 물론 이는 당시 사회가 기본적으로 또는 전체적으로 관용을 모르는 사회였다는 것을 전제로 한다.

그렇다고 이것이 아나뱁티스트들이 사회적 혁명을 주도하거나 기존 질서를 전복하는 것을 그들의 공공연한 목표로 설정했다는 의미는 아니다. 이러한 설명은 단지 뮌스터 사건을 일으킨 집단에만 적용된다. 아나뱁티스들은 예수를 따르는 일에 관심이 있었고, 종교적·사회적·정치적 영역에서 이를 실현하려고 했다. 그러나 반란이나 폭동에 대한 두려움은 이단과 재세례를 반대했던 테오도시우스 황제나 유스티니아누스 황제의 로마법을 다시 부활시키는 이유가 되었다.[128] 이들을 위험에 처하게 한 것은 시민법이었지 교회법이 아니었고, 이는 당시 교회뿐만 아니라 국가를 위험에 처하게 했기 때문에 강제되었다.

---

128 388년에 반포된 테오도시우스 법전(The Theodosian code) XVI, 5.14는 이단들은 시민권과 종교권을 가질 수 없다고 규정했다. 유스티니아누스 1세(483~565년)는 몇몇 그리스도인들이 그리스도를 부정했던 사람은 다시 세례를 받아야 한다고 주장하자, 재세례를 받는 사람들을 사형에 처하도록 하는 법을 제정했다.

국가의 역할, 맹세, 폭력, 종교의 자유, 경제에 대한 아나뱁티스트의 관점은 16세기에 말해서는 안 되는 금지 조항들이었다. 적어도 아나뱁티스트를 원수로 생각하는 사람들은 그렇게 이해하고 있었다. 정확히 말하자면, 아나뱁티스트들의 정치적 견해가 너무 급진주의를 표방했기 때문에 금지된 것이다.

더 큰 관점에서

7

아나뱁티즘에 대한 왜곡된 견해를 피하기 위해 아나뱁티즘을 다른 방식으로 좀 더 자세히 살펴볼 필요가 있다. 지금까지 우리는 한쪽 측면, 즉 당시에 존재했던 움직임과 연관된 측면에서만 아나뱁티즘을 살펴보았다. 이제부터는 두 가지 특질, 즉 공간적인 측면에서뿐만 아니라 시간적인 측면을 덧붙여서 아나뱁티즘을 살펴보려고 한다.

그러기 위해서 우선 다양한 측면, 즉 기본 바탕이 되는 16세기 상황에서 아나뱁티즘을 살펴보고, 점점 시각을 다른 세기로 옮겨가면서 다각적으로 살펴볼 것이다. 위에서부터 구조를 꿰뚫어 봄으로써 아나뱁티즘의 여러 현상을 그 이전 시대와 현재 우리 시대에 일어나는 운동들과 연계해서 살펴볼 수 있다.

아나뱁티즘을 조감도를 살펴보듯 조망하지 않는다면, 우리는 고대 사람들이 지구가 온 우주의 중심이라고 생각했던 것과 같은 실수를 저지르게 될지도 모른다. 서로 다른 모든 사람들과 사건들을 단순히 주변적인 것이라고 생각하면서 실수할지도 모른다. 이러한 실수를 자기중심주의 또는 자민족 중심주의라고 부르는데, 이는 자기의 경험은 결점이 없다고 여기면서 다른 모든 것들을 판단하는 태도를 말한다. 그러한 시각으로 세상을 조망하는 것은 우리의 영적 비전을 매우 심각하게 왜곡시키며, 우리를 교만으로 인도하여 생각과 행동의 불일치를 불러내며, 다른 사람들을 잘 받아들이지 못하게 한다. 더욱 큰 관점으로 세상을 바라보려는 시도는 다른 사람의 생각을 우리 앞에 둠으로써, 우리가 생각보다 그다지 특별하지 않다는 사실을 깨닫게 도와준다.

그러나 자신의 구조를 다각도로 살펴보기 전에, 먼저 우리는 아래에서부터 우리의 모습을 살펴보아야만 한다. 즉, 아나뱁티즘을 16세기 문화적 배경에서 먼저 살펴보아야 한다. 아나뱁티스트들은 단순히 교회가 신학적으로 잘못되었기 때문에 자신들의 신앙을 주장한 것이 아니다. 잘못된 것이 단지 교리의 문제라면 종교 개혁은 일어나지도 않았을 것이며, 아나뱁티스트 운동도 일어나지 않았을 것이다. 프로테스탄트들과 아나뱁티스트들은 동일하게 너무 잘못된 형태로 자기 존재의 기본을 포기한 교회에 불만을 갖고 있었다.

중세 시대 후기에 살았던 보통 사람들은 이미 그리스도인이 된다는 의미가 무엇인지를 진지하게 고민했다는 점에서 폭넓은 감수성을 갖고 있었다. 그들은 예수에 대해 알고 있었고, 예수가 교회의 머리이며 교회는 그의 성품을 닮아야 한다는 것을 잘 알고 있었다. 교회의 지도자였던 부유한 고위 성직자들과 가난하고 혼자 살았던 예수 사이의 대조는 너무나 극명하고 충격적이어서 타당성의 적부에 대한 논란이 생겨났다. 사람들은 지도자들이 공개적으로 교회의 머리를 부정한다고 비난했다. 그러므로 사람들이 느꼈던 불편함과 불만족은 교리에 대한 질문에 근거하기보다는 예수의 가르침과 그를 공개적으로 고백하면서 따르는 사람들의 삶 사이에서 일치하는 면이 너무나 없다는 데 기인했다.

티롤에서 있었던 예를 들어 보자. 아나뱁티스트 설교가들에게 공감을 보인 사람들은 교회 교리의 표준에 따라 자신들이 이단이 되었다는 사실조차 제대로 알아차리지 못했다. 그들은 독신으로, 가난하고, 무저항으로 하나님께 순종하셨던 주 예수께 신실하면 된다는 식으로 아주 단순하게 믿었다. 16세기 유럽의 상황에서 아나뱁티스트를 포함한 대부분의 사람들은 구교(가톨릭)가 이러한 기본적인 모순들을 제거하기 위해 노력했더라면 구교에 머물렀을 것이다.

그러나 정부는 미사와 다른 성례전들을 더 효과적이고 필요한 것으로 만들기 위해서 사람들에게 압력을 가했다. 사람들이 불평을 품은 것은, 미사와 성례전들이 성서에 맞지 않아서가 아니라 권력을 남용했기 때문이었다. 미사와 성례전들이 비성서적이라고 비난받고 버려진 것은, 권력 남용으로 불평의 대상이 되고 난 뒤의 일이다.

의식을 치르려면 언제나 그 비용을 지불해야 했다. 세례, 성찬, 종부 성사를 제외한 모든 성례전에 비용을 지불하지 않으면 성사를 치를 수 없었다. 그렇게 비용을 받지 않으면 많은 사제들과 대리 사제들이 생활을 할 수 없었기 때문이었다. 그런데 사제들을 돕기 위해 마련된 기금들은 대부분 그들에게 성직권을 수여하는 상관들이나 수도원장들의 주머니로 들어갔다. 모든 성례전 체제가 이런 식이었다. 이러한 상황들이 청산되어야 한다는 제안이 있었지만 잘못을 거절할 만한 법을 입안하기보다는 오히려 그런 일이 없다고 부인하는 모습을 반복했다.

콘라트 그레벨이 예배 중에 찬송하는 것을 반대했을 때, 노래하는 것 자체를 죄로 보았다는 생각을 하면 안 된다. 프로테스탄트들이 발전시킨 회중의 찬송이 1524년부터 시작되었다는 사실은 잘 알려지지 않았다. 당시에 알려진 유일한 찬송이란 미사에서 부르던 영창이었고, 그레벨이 찬송을 거부한 이유는 그들이 미사를 몹시 싫어했기 때문이었다. 많은 사람들이 교회에 참여하기를 거부했던 것은, 그들이 예배나 아름다움을 반대했기 때문이 아니라, 복음에 대한 거짓 이해가 떠받들고 있는 모든 것이 그 안에 있었기 때문이었다. 그들이 교회와 국가 사이에 존재하는 견고한 유착을 거부했을 때, 그들은 교회의 일에 대한 국가의 간섭뿐만 아니라 세속 사회 권력까지 장악하면서 극명하게 드러낸 교회 권력의 오만함을 거부한 것이었다.

그러므로 아나뱁티스트들이 교황의 교회를 반대하여 시행했던 개혁의 추진력들은 교황 중심 교회의 당면한 문제였다. 갱신의 씨앗들은 교회 안에 있었다. 그러므로 아나뱁티스트 전통에 속해 있는 우리는 결코 가톨릭주의와 완전히 결별하지 못한다. 왜냐하면 가톨릭은 우리가 기억하는 것 이상으로 우리를 품고 키워 낸 기본 토양이었기 때문이다. 우리는 가톨릭교회의 자녀들이며, 이 사실을 빨리 인식할수록 우리 자신을 더 잘 이해할 수 있고, 스스로 가지고 있는 우월감을 제거할 수 있다. 가톨릭 교인들과 더불어, 우리 모두는 그리스도의 교회에 속해 있다.

그러나 지금은 우선 아래에서 시작하여 좀 더 위로 올라가는 식으로 아나뱁티즘을 살펴볼 것인데, 이는 아나뱁티즘이 기독교 역사에 대해서 폭넓은 관점을 갖고 있기 때문이다. 아나뱁티스트들이 오래된 형태를 부수고 새로운 형태를 발전시킨 사람들이나 기존 교회를 상대로 본질적이면서도 통렬한 비판의 시각을 견지했던 최초의 사람들이 아니라는 점은 너무나 분명하다.

교회 안에서 반복적으로 갱신을 이루어 내려고 시도했던 기독교 운동의 하나가 수도원 운동monasticism이다. 초기에 수도원 운동은 부분적으로 도덕의 이중 잣대에 대해 적극 반대했다. 성직자와 선택된 사람들만이 예수의 가르침을 따라 살 수 있으며, 예수의 가르침은 보통 사람들에게 너무 지키기 어려운 것을 요구하고 있다는 생각이 교회 내부에서 퍼져 나갔다. 최초의 수사들은 평신도 남녀들로서 수도회의 삶의 방식(청빈, 순결, 순종)과 계율(예수의 윤리적 명령들)에 따라 생활했다. 그들은 처음에는 스스로에게 헌신했고 나중에는 수도원 공동체에 헌신했다. 이는 다시금 교회에 활기를 불어넣고 교회를 예수의 요청과 약속으로 되돌리도록 하려는 시도이자, 모든 악한 시도들에 대해 타협하라고 유혹하는 사탄에게 직접 맞서 싸우려는 시도였다.

이러한 운동에서부터 10~11세기 개혁적인 교황들 아래 교회가 세속적인 권위를 끌어안고 질식해서 죽지 않도록 막으려는 위대한 교회 개혁 운동이 태동했다. 아나뱁티스트들이 타협하지 않는 교회의 순수성을 국가로부터 지키기 위해 자유로운 교회를 처음 이야기한 사람들은 아니었다.

프란체스코 수도회는 단순히 예수를 따르겠다는 순종을 핵심으로 생겨난 13세기의 수도원 운동이다. 가난하고 단순하게 예수를 따르겠다는 지도자들의 비전을 스스로 포기했을 때, 어떤 수사들은 프란체스코의 비전이 진정한 기독교라고 주장하면서 이러한 변화를 거부했다. 시간이 흐름에 따라 그들은 교회 안의 부와 권력에 의해 압력과 박해를 받게 되었다.

수도원 운동에서 저 유명한 12~13세기의 스콜라 철학이 발원했고, 거대한 지적 운동이 일어나게 되었다. 이 시기에 교회 안에서 신학적 활동이 일어나 토마스 아퀴나스의 업적에서 최고조를 이루었으며, 일부는 이후에 르네상스와 종교 개혁에 직접적인 영향을 주었다.

여기에서 꼭 짚고 넘어갈 마지막 운동이 바로 신비주의mysticism이다. 일반적으로 신비주의는 수도원 운동에서 시작되었다. 신비주의는 하나님의 은혜의 통로로서 성례전을 통하지 않고 개인의 영혼이 하나님을 직접 경험하는 것에 지대한 관심을 갖는다. 물론 신비주의는 교회 교리로서 성례전의 유효성을 부정하지는 않았으나, 직접 하나님의 비전을 보는 특정한 훈련 방식을 개발했다. 신비주의는 하나님께서 다양한 방식으로 사람들에게 직접 말씀하시는 것을 인정한다. 성서와 교회는 단지 수많은 방식들 중 두 가지 방식일 뿐이다. 신비주의는 이방인, 유대인, 이슬람교도도 직접 하나님을 만남으로써 하나님을 아는 지식을 갖고 있다고 주장한다. 후기 단계의 신비주의는 예수를 하나님을 기쁘시게 하는 모범으로 여기고 예수를 본받아 살아가도록 노력한다.

이러한 모든 주제들은 후에 다양한 형태로 아나뱁티즘에 반영되었다. 일부 아나뱁티스트들은 신비주의 문헌들을 읽었다. 특히 네덜란드의 몇몇 아나뱁티스트들은 평신도 수도원 전통을 따랐던 공동생활의 형제단Brethren of the Common Life 전통에서 직접 영향을 받았다. 여전히 다른 사람들은 성서가 말하는 신비적인 요소들을 통해 일반적인 주제들을 재발견했다.

물론《순교자의 거울》이나 메노나이트 신학자들 또는 많은 사람들이 해석하고 제안하는 것처럼, 아나뱁티즘과 그 이전 여러 세기 동안 번영을 누렸던 여러 운동들이 직접 관련이 있다고 제안하는 것은 아니다.[129] 그들은 모두 성서 연구에 관심이 있었고, 교회의 무기력과 형식주의에 대해 비슷한 반응을 보였다. 이는 기독교의 도를 시작한 사람의 명령을 잃어버린 데에 대한 반응이며, 그들이 그 명령을 잃어버렸을 경우에 다가올 위험에 대한 반응이다.

수도원 운동과 아나뱁티즘 간의 일반적인 관계에 대해서는 좀 더 언급할 필요가 있다. 루터가 아나뱁티즘을 수도원 운동의 부활로 언급했을 때, 어떤 면에서 그의 주장은 전적으로 옳았다. 공동체와 권위에 관한 아나뱁티즘의 견해는 사실 중세 가톨릭 사상의 연속선 위에 있었기 때문이었다. 일부 가톨릭 교리들은 프로테스탄트 운동에 의해 거부되었다. 아나뱁티즘은 죽은 사람들을 위한 기도, 연옥 교리, 면죄부를 통한 부의 축적 등, 중세 시대에 교회가 공동으로 붙들고 있었던 교리들을 분명하게 거부했다. 이러한 것들은 모두 수도원 운동이 강하게 표명했던 교리들이었다.

---

129 B. Eby, *Kurzgefasste Kirchengeschichte und Glaubenslehre der taufgesinnten Christen oder Mennoniten* (Elkhart, Ind.: 1879); Martin Klaassen, *Geschichte der wehrlosen taufgesinnten Gemeinden* (Danzig, 1873); Ludwig Keller, *Die Reformation und die älteren Reformparteien* (Leipzig, 1885); Leonard Verduin, *The Reformers and Their Stepchildren* (Grand Rapids: Eerdmans, 1964)을 보라.

공동체가 갖고 있던 관념상, 산 사람과 죽은 사람 사이에 그다지 중요한 차이가 없었다. 모든 사람들은 함께 구원의 공동체에 속해 있다. 그런 까닭에 죽어서 연옥에 있는 사람은 가능한 한 빨리 영광을 얻기 위해 산 사람의 도움을 필요로 하고, 대안적으로 이들 중 영광스러운 자리에 있는 어떤 사람들은 이 땅에서 여전히 씨름하고 있는 사람들의 상황을 중재할 수 있다. 이것이 이른바 공적을 쌓기 위해 기부하도록 만든 기본 개념이었다. 즉, 성인들의 공동체에 속한 몇몇 사람들의 공적은 비슷하지만 완전에 이르지 못한 사람들에게 효력을 미친다는 생각이었다. 그러므로 사람들은 살아 있거나 천국에 있는 이들과 뒤엉켜 있어 완전히 분리되지 않았다. 이 땅 위의 공동체는 그리스도의 권위를 위임받은 대수도원장을 통해 서로 묶여 있으므로 사람들은 이 권위를 의심해서는 안 되었다. 이렇듯 결점 없는 권위가 없다면 공동체는 붕괴되고 말 것이었다.

프로테스탄트 운동과 더불어 아나뱁티즘은 이러한 교리를 거부했다. 그러나 아나뱁티즘은 의로우시고 거룩하시고 두려운 하나님과 한 인간으로서 개인을 분리시킨 프로테스탄트 운동의 방식을 취하지 않았다. 오히려 아나뱁티즘은 구원을 위해 개인들이 하나님에 의해 공동체로 부름을 받았다고 주장했다. 이들에게 공동체는 치유하는 공동체이다. 그러므로 성서를 통해 알려진 예수의 직접적인 권위 아래, 공동체 안에 죄를 용서하는 능력이 있다는 가톨릭의 교리가 아나뱁티즘 안에 연결되어 있다. 그러므로 개인은 공동체와 분리된 채로 구원을 이룰 수 없고, 공동체 안에 있을 때에만 구원을 이룰 수 있다.

그러나 여기에는 한 인간이 개인적으로 양심적으로 '그리스도의 법rule of Christ'에 순종해야 한다는 또 다른 동일한 강조점이 존재한다. 대수도원장의 절대적인 권위의 부재가 개인주의로 가는 문, 즉 구원이 순전히 개인의 문제라고 여기는 생각의 문을 열어 주었다. 이와 같이 아나뱁티즘 안에서 우리는 공동체주의와 개인주의라는 엄청난 긴장이 있어 서로를 사랑하지 않는 결과를 가져올 수도 있음을 알 수 있다. 한편으로 이러한 긴장은 비물리적으로나 정신적으로 집단 안에서 검열을 하거나 가혹할 정도로 추방령을 내리는 모습과 엄청난 강압으로 존재할 수 있다. 또 다른 한편으로 통제되지 않거나 오만한 개인주의가 모든 사람들에게, 온전한 진리를 소유한 모습이나 완벽한 잘못의 모습으로 등장할 수 있다. 절대적 권위를 가진 수도원 운동, 그래서 대개 양측에 긴장이 있을 때 이를 잘 관리하는 수도원 운동과는 다르게 아나뱁티즘은 전체 공동체가 위험에 처하기까지 공동체를 위해 결정할 수 있는 이 땅의 권위가 없기 때문에 이러한 긴장을 다루는 데 늘 어려움을 겪는다. 이 땅 위에 존재하는 유일한 권위가 공동체이기 때문에, 공동체의 연합을 도모하는 '그리스도의 법'이 작용하는 한, 아나뱁티스트 공동체는 그들의 생각과 방식을 따르도록 잘못된 회원을 강제할 수 없고 강압적인 수단을 쓸 수 없다. 그런 까닭에 연합을 담보할 공동체의 권력에는 늘 한계가 있다. 이와 같이 수도원 운동 내부에 개인의 진술들이 종종 묵살되는 심각한 폐단이 있는데도 불구하고 수도원 운동이 내부의 연합을 유지할 수 있었던 반면, 아나뱁티즘은 항상 분열과 분리의 길을 걷게 되었다. 이것이 현재에 이르기까지 아나뱁티스트가 걸어온 역사의 부분적인 모습이다.

결국 아나뱁티즘을 살펴볼 때 우리는 기독교의 원래 맥락은 물론 일반적인 종교 역사의 더 큰 맥락으로 되돌아가야만 한다. 아나뱁티즘은 순환 사관循環史觀을 거부한 좋은 예이다. 프로테스탄트 운동 또한 이러한 입장을 견지하지만, 아나뱁티즘을 특별히 분류해서 생각하는 것은 아나뱁티즘이 이 연구의 특별한 주제이기 때문이며, 이러한 관점을 칼뱅주의보다 훨씬 더 명확하게 강조하기 때문이다.

계절이 순환하는 것처럼 역사가 규칙적으로 반복된다고 보는 순환 사관은 인간의 역사, 특히 그리스도가 오시기 전 1,000년이 넘는 동안 이스라엘에 출현한 직선 사관보다 인간의 이야기를 훨씬 더 탁월하게 설명하고 있다. 순환사적 관점은 사람들의 관심을 끌기에 충분했다. 그것은 인간들을 이 땅에 강하게 결속시키며, 모든 존재하는 것에 거룩함과 마술적인 신비를 부여하는 관점이다.

그러나 이러한 관점은 또한 결정론적인 형태 안으로 인간들을 가두어 놓는다. 원은 본질적으로 탈출이 불가능한 형태로서, 그 누구도 주요한 결정을 스스로 내릴 수 없는 모습으로 만들어 놓는다. 이것의 의미는, 인간을 행동에서 자유롭지 못한 존재로 보기 때문에, 인간의 윤리적 책임에 관해서 아무런 말도 하지 못하게 만든다는 것이다. 인간은 단순히 이 순환 주기에 묻혀 버리고 만다.

유대 신앙은 인류에 대한 견해와 결과에 대해 격한 감정을 일으키도록 만든다. 이스라엘 이야기는 역사의 순환적인 관점을 거슬러 싸우는 설명들로 구성되어 있다. 이스라엘의 예언자들과 현인들은 우리가 단순히 사라지고 말 존재들이라고 단언한다. 우리는 자연의 일부로서 존재하지만, 우리는 우리의 행동에 대해서 하나님과 동료 인간들에게 책임을 지는 존재들이다. 이스라엘 신앙의 중심에 놓여 있는 강조점들 중 하나는, 우리의 모든 행위가 큰 중요성을 갖고 있고, 우리는 아무런 의지가 없는 노예가 아니라 하나님과 함께 일하는 동역자라는 것이다.

이러한 관점은 예수의 특성이자 초기 교회가 강력하게 지지했던 것으로, 인류가 자신보다 더 큰 힘에 휩싸여 있기 때문에 아무런 책임이 없다고 선언했던 운동들을 떠나 하나님과 함께 일하는 동역자라는 관점을 붙들고 있다.

그러나 그리스도 이후 2세기 안에, 역사를 순환으로 보는 이러한 관점이 기독교 예배 및 제식의 특성으로 다시금 자리하게 되었다. '신의 도성'에 대한 아우구스티누스의 견해(즉 역사는 궁극적인 절정인 하나님 나라를 향해 나아가고 있다는 생각)에도 불구하고, 일반적으로 유포된 신화는 영원한 귀환의 신화였다. 이것은 똑같은 사건들이 계속 반복되어 나타난다는 사상이다. 이 사상이 반영되어 만들어진 교회력은 되풀이되는 축제들의 순환을 따라 매년 반복되도록 확정되어 있다. 십자가 위의 그리스도 희생은 우리 시대의 매일 미사에 반영되어 반복되고 있다. 모든 것은 아주 중요한 신비 안에 감추어져 이를 함께 창조한 사제들조차 제대로 이해하지 못하도록 되어 있다.

그러나 이 순환적 관점을 끊으려고 시도했던 중세 시대 운동들이 있었다. 이러한 것이 바로 천년왕국 운동들이다. 다양한 시대에 사람들은 인간 역사의 절정이자 간절히 바라던 하나님의 나라가 이 땅에 가까이 왔다는 것에 열광했다. 그들은 적그리스도, 부활한 황제들, 선지자들, 이적과 기사와 함께 다가오는 거대한 절정을 향해 인류의 사건들이 움직이고 있다고 보았다. 그 절정의 때가 오면 탐욕과 열망과 폭력이 사라지고 완전한 조화와 평화가 통치할 것이라고 생각했다.[130]

아나뱁티즘은 비슷하지만 또 다른 운동이었다. 산상수훈의 바

---

130 좀 더 다양한 기대를 갖고 있다면 Bernard McGinn, *Visions of the End* (New York, 1979)를 보라.

탕이 된 예수의 윤리적 명령들은 제 위치를 다시 차지하게 되었다. 이것은 기독교가 하나님의 뜻을 제대로 수행할 능력을 실제로 갖추고 있음을 강조하는 말이다. 온갖 방법으로 표현되어 있는 순환적 역사관은 단순히 사라지고 말 것이다.[131] 성스러움과 신비로움을 부정할 수는 없다. 아나뱁티즘은 행위의 중요성과 거룩함의 중요성을 하나로 묶으려고 시도했다. 그러나 거의 항상 그러한 시도들은 온전한 성공을 거두지 못했다. 아나뱁티즘은 감정적으로 필요하면서도 종교적으로 만족을 주는 소리, 색깔, 움직임의 미학을 갖춘 의식들을 폐지했다. 아나뱁티즘은 반박의 여지가 없는 종교적 형태로 자리하게 되었다. 그러므로 아나뱁티즘에는 만족할 만한 예식이 없다. 반면에, 가톨릭에는 윤리적인 약점이 있다. 아나뱁티즘은 유대주의 예식에 지속적으로 참여하기를 무시한 것처럼 보이는 반예식주의자 예수에게 귀를 기울이고 있다. 가톨릭은 성례를 끊임없이 강조하고 이를 확장해 나가는 동시에 안식일이 사람을 위해 지어진 것이지 사람이 안식일을 위해 존재하는 것은 아니라는 사실을 놓치고 있다.

아나뱁티즘에는 장점과 단점이 공존한다. 이 책은 너무나 분명한 약점을 놓치지 않는 가운데 의도적으로 장점에 초점을 맞추었다. 만약 우리가 그 장점과 단점을 모두 이해한다면, 우리는 다른 그리스도인들이 무엇을 경험하는지 귀를 기울일 수 있을 것이며,

---

131 제2장을 보라.

우리의 경험과 더불어 그들의 경험도 정당한 것으로 받아들일 수 있을 것이다. 또한, 우리는 반대 입장에 있거나 자신들의 실수를 별로 인정하려 들지 않는 여러 견해들을 대할 때 종종 우리가 갖게 되는 두려움을 극복할 수 있을 것이다. 모든 전통들은 저마다 비전의 한계를 갖고 있으며, 어쩌면 상반되는 견해가 둘 다 옳을 지도 모를 일이다.

아나뱁티즘:
어떻게 적용할 것인가?

위기의 시대에 사람들은 자신들이 처한 상황과 비슷한 시대를 되돌아보는 경향이 있다. 그렇게 함으로써 그들은 무엇을 하고 무엇을 하지 말아야 할지 판단할 수 있는 일말의 지침을 발견한다. 우리 시대는 온갖 위기들로 가득하며, 예수의 공동체인 교회도 마찬가지이다.

16세기도 그런 시대였다. 유럽의 정치적·사회적 일상에 일어난 기본적인 변화들은 여러 세기에 걸쳐 진행되고 있었다. 16세기의 처음 50년 동안에 새로운 삶의 방식들이 자리 잡기 시작했고, 그중 어떤 것들은 지금까지 우리에게 영향을 끼치고 있다. 이러한 변화들에 대해 우리는 역사적으로 유리한 입지에 서 있기 때문에 당시의 상황을 상당히 정확하게 조망해 볼 수 있다. 당시 사람들은 장기적인 안목이 없었는데, 그 시대는 우리 시대와는 달리 매우 혼돈스러웠기 때문이다. 그렇다고 우리가 장기적인 안목을 가졌다고 볼 수는 없다. 장기적인 안목을 대체할 만한 상황이 똑같지는 않겠지만, 아마도 우리는 16세기 사람들의 경험들을 이용할 수 있을 것이다. 그리고 우리에게 일어나는 일들을 좀 더 잘 이해할 수 있을 것이다. 그것이 바로 우리가 이 책에서 이러한 주제를 가지고 연구하고 발표하는 목적이라 할 수 있다. 16세기와 20세기의 상황이 똑같지는 않더라도, 이 두 세기 사이에는 놀라울 만큼 유사한 점이 많다. 만약에 우리가 양심적으로 이 문제들을 바라본다면, 이제부터 살펴보려는 내용에 큰 도움이 될 것이다.

아나뱁티스트들은 다니던 교회에서 나와 새로운 교회를 세우고자 하는 수많은 사람들이 찾는 마지막 해결책으로 논의되고 있다. 이 책에 인용되고 있는 지도자들뿐만 아니라 수많은 평범한 농부들과 장인들이 아나뱁티스트 관점을 가장 중요한 것들로 언급하고 있다는 사실은 매우 중요하다. 위대한 독일의 시인이자 문호인 괴테는 교회 역사가 늘 성직자들에 대한 기록일 뿐이라서 교회 역사 속에서 평범한 사람들에 대한 이야기를 발견할 수 없다고 불평한 적이 있었다. 그는 아나뱁티즘에서 이러한 평범한 사람들의 이야기를 발견했던 것 같다.

아나뱁티스트들에게 세상은 세속적이라는 시각이 기본적인

전제로 깔려 있다. 현재 이 말은 지극히 당연하게 들릴지 모른다. 사실 우리에게 이 말은 너무나 진부한 문구가 되어 버렸다. 그러나 16세기에는 결코 그렇지 않았다. 사실상 당시, 적어도 유럽 사람들은 세상은 기독교적이라고 생각했다. 요즘 그리스도인들이 교회와 세상 사이에 존재한다고 믿는 차이는 16세기에 살았던 대부분의 사람들에게는 거의 아무런 의미가 없었다.

아나뱁티스트들은 이러한 차이가 4세기 로마 황제였던 콘스탄티누스 황제 시대 전까지 잘 유지되었으나, 교회가 국가와 타협하면서 크게 타락했고 교회와 세상 사이의 차이가 모호하게 되었다고 말한다. 가톨릭이든 프로테스탄트든 현대 기독교 작가들은 우리 시대를 콘스탄티누스 이후 시대, 즉 교회와 세상이 하나였다고 믿었던 옛 사고방식이 더 이상 존재하지 않는 시대라고 말한다. 아나뱁티스트들은 아우구스티누스 황제 시대 이래로 통치자가 기독교 신앙을 고백하면 세상은 기독교 사회가 되었다고 믿었던, 교회가 오래도록 붙들고 있던 신념에 진지하게 도전했고, 현재는 많은 그리스도인들이 동일한 모습으로 도전하고 있다. 사악한 나치 폭정은 루터의 땅이자 종교 개혁의 본고장인 독일에서 발생했고, 서방 세계는 이 일을 어떻게 소화해야 할지 계속 고민하고 있다. 라틴아메리카는 20세기 동안 로마 가톨릭교회와 유착한 포악한 독재자들을 양산해 냈고, 교회와 국가가 서로 결탁하는 모습을 늘 경험하게 되었다. 라틴아메리카에서는 포악한 정부들을 상대로 투쟁하는 무장 반정부군을 후원해야 하는지에 대해 진지하게 고민을 해야 했다. 현재 모든 곳에서 그리스도인들은 정부를 반대하는 쪽에 서서, 복음과 반대되는 요구와 활동을 하는 정부에 대항해 시민 불복종 운동을 해야 하는 쪽으로 움직이고 있다.

사람들은 군무기를 생산하고 핵전쟁의 위험을 증진시키는 데 사용되는 세금을 내는 것이 과연 적절한지에 대해 점점 더 많은 의문을 제기하고 있다. 어떤 그리스도인들은 아나뱁티스트들이 즐겨 인용하는 요한복음의 말씀, "내 나라는 이 세상에 속한 것이 아니오. 나의 나라가 세상에 속한 것이라면, 나의 부하들이 싸워서, 나를 유대 사람들의 손에 넘어가지 않게 했을 것이오. 그러나 사실로 내 나라는 이 세상에 속한 것이 아니오."[132]라고 하신 예수 말씀을 다시 한 번 진지하게 받아들이고 있다. 여기저기에 존재하는 교회는 다시 한 번 자신들이 누리고 있는 자유에 대해 진지하게 생각해 보아야 한다. 비록 널리 인정받지는 못했지만, 교회의 주님이 이 세상에 존재하는 국가들의 주님이시기도 하다는 의식, 그래서 국가의 권위는 주님께 순종해야 하는 부차적인 권위라는 의식이 점점 더 커지고 있다.

아나뱁티스트들은 여전히 오늘날 교회가 직면해야 하는 한 가지 중요한 질문을 마주하고 있다. 아주 오랫동안 누렸던 특권들

---

132 요한복음 18:36.

이 조금씩 사라져 가는 상황에서, 교회는 자신이 갖고 있던 생명력에 대해 어떻게 생각하고 정해야 하는가 하는 질문이다. 16세기 프로테스탄트와 가톨릭은 국가를 보호해야 한다고 주장했다. 아나뱁티스트들은 그렇게 하지 않았다. 왜냐하면 그들은 예수의 공동체가 그 자신의 생명력과 사역을 수행해 나갈 능력과 자원을 충분히 갖고 있어서 정부 관료나 영주들이 갖고 있는 권력이 불필요하다고 믿었기 때문이다. 더 나아가 그들은 예수 자신이 천명했듯이 왕실이나 정치적 권력의 본질은 예수의 공동체의 목적들과 양립할 수 없다고 생각했다.[133]

아나뱁티스트 신념과 현시대의 흐름 사이에 존재하는 두 번째 유사성은 제도에 대한 태도이다. 16세기 아나뱁티스트들은 교회가 소유한 거대한 제도의 영향을 거부했다. 그들은 제도에 영향을 받는 모습은 예수가 늘 염두에 두었던 것들을 곡해한 것이라고 주장했다. 아나뱁티스트들에게 교회는 제자들로 이루어진 모임이자 교제이다. 교회는 그리스도를 통해 하나님이 드러내시는 사랑, 용서, 진리의 법을 자발적으로 받아들이고 그 질서를 따라 살아가는 인간 공동체이다. 강조점의 무게는 공동체에 집중되었는데, 이는 사람들 사이에 존재하는 열린 관계, 사랑과 진리의 관계를 세우고 이를 육성해 나가는 데 집중되어 있다.

교회를 바라보는 이러한 견해에 대해 이 시대의 가톨릭과 프로

---

133 마가복음 10:42~43.

테스탄트들이 보이는 반응은 매우 분명하다. 많은 사람들이 교회가 제도적으로 너무 멀리 나간 반면에 공동체 개념은 너무 희박해서 교회를 포기하고 있다. 제도는 사람들과 그들의 필요에 관심을 두기보다는 자기 보존에 관심을 두는 성향이 있다.

사람들은 이미 모든 면에서 제도에 깊이 연관되어 있다. 사는 모습이나 경제 활동의 모든 부분, 사회 기관과 정치의 모든 부분이 제도와 깊은 연관이 있다. 사람들은 현재 제도들을 멀리할 수 없는데, 그렇게 하면 모든 것이 너무나 어려워지기 때문이다. 그러나 사람들은 제도화된 종교로부터는 멀리 떨어져 살 수 있는데, 제도화된 종교를 멀리함으로써 심각한 사회적 결과나 경제적 결과를 피할 수 있기 때문이다. 제도적인 권력의 거미줄에 사로잡혀 있는 동일한 사람들이 따뜻하면서도 건강한 인간관계를 바라고 외친다. 어떤 사람들은 새로운 형태의 교회 생활 속에서 이러한 관계들이 있음을 발견하기 시작한다. 아나뱁티스트 형태의 가정 교회들이 수백 곳에서 생겨나고 있다. 곳곳에서 실제적인 공동체로서 교회 갱신이 일어나고 있으며, 전통적인 구조 속에서도 이러한 변화가 일어나고 있다.

사람들은 오래된 것을 떠나며 새로운 시작을 감행한다. 이러한 변화 속에서 스스로의 인생에 대해 중요한 결정을 자유롭게 내리면서 해방을 경험한다. 그리고 그들은 사실상 늘 들었지만 별 의미가 없었던 구원, 성화, 구속, 십자가, 부활과 같은 단어의 의미가 새롭게 다가오는 것을 경험하며 흥분한다. 가톨릭 신자이든 프로테스탄트 신자이든 모두에게 이러한 일이 나타나고 있다. 이러한 새로운 배움은 면밀하게 성서를 공부하고 배운 성서 말씀을 현대적인 용어들로 번역하는 일을 기반으로 이루어진다.[134]

교황 요한 23세(1958~1963)와 그를 따르는 사람들은 엄청난 양의 성서 연구, 예전의 갱신, 평신도의 역할 등과 관련해 왕성한 활동을 펼쳤는데, 이는 회중적 차원에서 이전에 행했던 것들보다 교회 생활에 대한 훨씬 중요한 투자였다. 성서가 중심이 되었고, 성서 연구는 적극 권장되었으며, 더 많은 평신도들이 예배에 참여했다. 최근에 이루어진 교회에 대한 가톨릭의 정의들은 교회가 신자들의 공동체임을 강조하고 있다. 새로운 형태에 대한 프로테스탄트 저술가들이 지은 책들이 엄청나게 쏟아져 나와, 이러한 변화가 일어나고 있음을 증거하고 있다. 사실상 이러한 모든 것은 본질적인 면모로서 교회가 가져야 할 공동체적 교제와 분리되어 있었다.[135]

---

134 Monica Hellwig, *The Christian Creeds*(Cincinnati, 1973); John Shea, *The Challenge of Jesus*(New York, 1977); Leander Keck, *A Future for the Historical Jesus*(Nashville and New York, 1971)의 예를 보라.

135 Hans Küng, *The Church*(New York, 1967); *The Documents of Vatican II*, ed. W. M. Abbott(New York, 1966). 특별히 교회, 의전, (특히 성서가 강조된) 신의 계시에 대한 문서를 살펴보라. 또한 Rosemary Reuther, *The Radical Kingdom*(New York, 1970); Elizabeth O'Conner, *The Call to Commitment*(New York: Harper and Row, 1963); Stephen Clarke, *Building Christian Community*(Notre Dame: Ave Maria Press, 1972); J. Hoekendijk, *The Church Inside Out*(Philadelphia: Westminster, 1966)를 보라.

지난 세기 동안에 메노나이트 학자들과 메노나이트가 아닌 학자들의 연구는 아나뱁티즘이 가톨릭과 프로테스탄트와는 다른 형태의 경건 운동과 교회의 삶을 나타낸다는 사실을 밝혀냈다. 그것은 예수를 따르는 제자도를 핵심으로 하는 경건 운동인 까닭에 윤리에 지대한 관심을 가지고 있다. 그것은 가장 주요한 충성과 부차적인 충성의 차이가 무엇인지 명확하게 구분하며, 훈련받는 회중, 나눔을 실천하며 증거하는 회중으로 자신을 표현해 왔다. 아나뱁티즘이 오늘날 교회에 도움을 줄 수 있는 유효한 강점들을 가지고 있다는 사실에 대해 다른 기독교 전통들이 그간 간직해 온 오래된 적대감을 역사의 선반 위에 올려놓은 채 재인식하고 있다. 이전에 한 번도 교회 갱신을 고려하지 않았던 집단들 안에서 이러한 목소리가 커지고 있다.[136]

아나뱁티스트와 현재 상황 사이에 존재하는 세 번째 유사성은 기독교 신앙을 너무 추상화하고 지적인 문제로 발전시킨 신학적 체계들을 안타까워한다는 점이다. 신학에 대한 아나뱁티스트 입장은 이미 제5장에서 설명했다. 오늘날에도 정신세계는 물론 삶

---

136 Michael Novak, "The Meaning of 'Church' in Anabaptism and Roman Catholicism: Past and Present," *Voluntary Associations*, ed. D. B. Robertson(Richmond, 1966), pp. 91-108; F. H. Littell, *The Anabaptist View of the Church* (Boston, 1966)의 예를 보라. 웨슬리안(Wesleyan)들의 거룩한 전통과 아나뱁티스트들의 성화(sanctification) 사이의 관계에 대한 논문들을 살펴보려면 *Mennonite Quarterly Review*, XXXV, April 1961를 보라. 《소저너스*Sojourners*》는 아나뱁티스트에게 많은 영향을 받아서 생겨난 미국 복음주의 계통의 잡지이다.

과 행동에서 진리를 찾으려는 시도가 계속되고 있다. "진리를 행한다doing the truth"라는 현대식 표현은 이러한 관심사를 잘 반영하고 있다.

이러한 측면은 예수의 삶, 죽음, 부활에 대한 연구와 그 의미를 살펴보는 새로운 파도를 몰고 왔다. 이에 관한 대부분의 글들이 강조하는 것은 '진정한 신, 진정한 인간truly God, truly human'이라는 오랜 신조들에 근거한 신학을 보전하는 입장이지만, 신의 측면보다 '진정한 인간'이라는 측면을 완전히 부각시켰다.[137] 예수가 진정한 인간이었지만 단순하지만은 않은 인간이었다는 사실에 대한 주장이 점증하고 있다. 즉, 예수의 삶, 가르침, 죽음, 부활이 하나님의 사랑과 뜻을 가장 잘 드러낸 증거이며, 예수처럼 행동하고 예수처럼 살아야 한다는 명령이 중요한 내용과 구성요소가 되었다. "이 세상에서 사는 우리의 존재가 마치 예수께서 존재하는 것처럼" 살아야 한다고 요한이 했던 말씀의 중요성이 더욱 분명히 드러나고 있다. 예수는 하나님의 사랑 안에 머물러 계심으로써 이 세상에서 승리하셨고, 그의 제자들 또한 하나님의 사랑 안에 머물러 있을 수 있다. 예수는 하나님을 기쁘시게 하는 삶을 사신 모범이자 아나뱁티스트들이 끊임없이 주장하고 삶 속에서 실천하려던 주제이다. 그러한 삶은 점점 더 진정한 기독교의 표지

---

137 이러한 연구의 예로 Jon Sobrino, *Christology at the Crossroads* (Maryknoll, N.Y., 1978); Edward Schillebeeckx, *Jesus: An Experiment in Christology* (New York, 1979); James P. Mackey, *Jesus the Man and the Myth* (New York, 1979)가 있다.

가 되어 왔고, 지금도 변함없는 표지이기도 하다. 4, 5세기 전 아나뱁티즘이 그랬던 것처럼, 현재 정통성에 대한 시험들은 더 이상 제도나 신학, 성례전뿐만 아니라 성육신적으로도 판가름할 수 없다.

이와 같이 16세기에 있었던 종교 개혁이나 교회 갱신의 중요한 주제들 중 하나로 우리는 전체 교회, 즉 가톨릭과 프로테스탄트 교회가 적절하다고 여기기 시작한 여러 신념들과 강조점을 지닌 한 운동을 발견하고 있는 것이다. 현재 무엇인가를 열심히 탐구하는 그리스도인들은 교리만큼 중요한 것이 삶이라고 주장했던 기독교 운동으로서의 아나뱁티즘에 대해 알아야만 한다. 아나뱁티즘은 현대 성서학자들이 철저하게 연구하여 정당한 것으로 입증한 신약 성서의 여러 증거들을 통해 삶을 해석한다.

지금 이 세상에 존재하는 종교 다원주의에 대한 일반화된 의식은 기독교 내에 존재하는 전통적인 분파들을 그다지 중요하게 여기지 않는다. 이슬람교, 유대교, 불교 등과 같은 '세계' 종교들뿐만 아니라, 마르크스주의, 과학주의, 무신론 등을 포함한 다양한 철학과 세계관이 존재하기 때문이다. 이러한 종교와 사조들은 열정을 요구하고 때때로 수백만 명의 충성된 광신도들을 양산하기도 한다. 그리스도인들은 어느 날 갑자기 자신들이 이 세상에서 소수자라는 사실을 깨닫게 되었다. 이러한 자각은 그들에게 자신들이 공유하는 기반이 무엇인지 깨닫도록 도와주며 전통적인 교단 분열과 역사적으로 부여해 왔던 정당성에 대한 관심이 그리 중요하지 않다는 사실을 깨닫도록 도와준다. 이러한 모습을 못 견디는 기독교 청년들만큼 이러한 현실을 절실히 드러내 주는 것은 없을 것이다. 최근 초기 기독교에 대해 연구해 온 가톨릭과 프로테스탄트 성서학자들 이러한 과정을 돕고 있다.

아나뱁티스트 학자인 로버트 프리드만Robert Friedmann 은 몇십 년 전에 전통적인 용어 정의에 따르면 아나뱁티스트는 프로테스탄트가 아니라고 주장했다. 이러한 주장 때문에 그는 다른 학자들은 물론 나의 비판을 받기도 했다. 지금 생각해 보면 프리드만의 주장과 판단이 옳았다.

아나뱁티즘은 프로테스탄트도 아니고 가톨릭도 아니며, 실제로 이들과 차원이 다른 운동이다. 나의 생각으로는, 어떤 면에서 아나뱁티즘은 가톨릭과 프로테스탄트 전통의 좋은 면들을 잘 드러내 주는 운동이라고 표현하는 것이 적절하다. 이러한 판단은 현재 교회 갱신 운동이라는 측면에서 다시금 뒤를 돌아보며 내린 것이다. 16세기 아나뱁티스트들이 의식적으로 가톨릭과 프로테스탄트의 가장 좋은 점을 선택한 것은 아니다. 사실상 그들은 어떤 제안이든 그들이 반대하는 것이라면 아주 단호한 모습으로 거절했다. 그들이 시도한 것은 단지 자신들이 이해하고 있는 바에 따라 예수께 신실하려고 한 것일 뿐이었다.

이러한 논점을 견지한다고 해서 가톨릭과 프로테스탄트를 포함한 많은 그리스도인들이 메노나이트가 될 가능성은 거의 없다. 그렇게 되지도 않는다. 그렇게 하다 보면 많은 메노나이트들은 그들의 급진적 전통에 대한 열정이 부족하며 아주 제한적인 의미에서만 아나뱁티스트 후손들에 의해 평가되고 있다는 아주 뼈아픈 사실을 마주해야만 한다.

아나뱁티스트 전통이 16세기에 역동적으로 여러 분파로 나뉘었다는 사실은 쉽게 알 수 있다. 이러한 상황은 '오직 믿음으로', '오직 성서로'라는 프로테스탄트들의 두 가지 원칙을 아나뱁티스트들이 어떻게 이해했는지 토론하는 과정을 통해 잘 드러나 있다. 이미 제4장에서 논의했던 것처럼, 아나뱁티스트들은 우리가 믿음으로 말미암아 의롭게 되었다고 굳게 믿고 있다. 우리는 죄인들이기에 결단코 우리 스스로 구원을 이룰 수 없다. 구원을 받아들이기 위해서 우리는 구하는 모든 사람들에게 주시는 선물로서 값없이 구원을 베푸시는 하나님을 신뢰하고 믿어야 한다. 그러나 만약 이 표현이 우리의 수고를 필요로 하지 않는다는 것을 의미한다면, 아나뱁티스트들은 '오직 믿음으로'라는 말을 거부한다. 가톨릭 전통처럼 아나뱁티스트들은 우리의 수고가 중요하며 이러한 수고는 우리의 믿음과 분리될 수 없다고 주장한다. 왜냐하면 우리의 믿음은 우리의 삶의 모습과 행동으로 표현되기 때문이다. 더 나아가 이들은 예수를 따르는 사람들이 선을 행할 능력이 있다고 믿는다. 왜냐하면 예수 자신이 제자들에게 명령하셨고 그를 따르는 사람들을 도와주시겠다고 약속하셨기 때문이다.

정신과 의사의 연구들은 바울이 "믿음으로 말미암아 의롭게 된
다(justification by faith)"라고 말한 의미를 좀 더 잘 이해할 수 있도
록 도와준다. 우리가 무슨 일을 행하는지 그 동기들은 종종 모호
하거나 복잡하다. 우리 대부분은 우리의 행동이 아무런 사심도
없고 아주 순수한 것이라고 쉽게 말할 수 없다. 그렇다 하더라도
현재 의를 추구하고자 하는 열망이 폭넓게 자리하고 있으며, 우
리 모두는 의로운 행위를 갈망하고 있다. 단순히 지적인 면만 추
구하는 모습과 추상적인 종교 논쟁은 이내 비난의 대상이 되고
만다. 그리스도인의 신념들이 이렇든 저렇든 행동으로 표현되지
않는다면, 아무리 고결한 기독교적 헌신이라도 의문의 대상이 된
다. 아나뱁티즘에서 선행으로 구원을 얻는 것은 그리 중요하지
않다. 오히려 그들이 주장하는 바는 이러한 행동과 기꺼이 의를
따르고자 하는 마음과 용기가 바로 성서가 말하는 구원의 시작점
이라는 것이다.

만약 믿음이 진짜라면 믿음을 가진 사람들의 고백과 행동은 일
치되게 마련이다. 아나뱁티스트들은 예수와 그 사도들이 보여 준
하나님을 의지하는 믿음이 행동이나 행위와 일치해야 한다고 믿
었다. 아나뱁티즘은 매일의 삶 속에서 산상수훈의 말씀을 진지하
게 실천한 모범으로 자리하고 있다. 일찍이 이들과 동일한 관심
을 가졌던 모범이 수도원 운동이었다. 최초의 수도원 운동처럼,

아나뱁티즘은 평신도 운동이었다. 이 두 운동은 비폭력의 입장을 분명히 드러냈고, 사유 재산에 대해 비판적이었으며, 순종을 강조했으며, 세속적인 통제를 벗어나 교회가 독립해야 한다고 믿었다. 아나뱁티스트 집단 중 하나인 후터라이트들은 생활 공동체로 살아간다. 그러나 아나뱁티스들이 수도원 운동과 다른 한 가지는 독신주의를 배격한다는 점이다. 그들은 프로테스탄트들이 강조하는 것처럼 진정한 기독교인의 삶이 세속 직업은 물론 결혼과 가정생활을 포함한 인간 경험의 모든 범위와 관련되어 있어야 한다는 것을 받아들인다. 이러한 내용은 가톨릭의 독신주의와 수도원 운동에 대한 폭넓은 비판에 반영되어 있으며, 특별히 독신주의 삶을 떠나 결혼하고 세속적인 삶의 현장에서 인간의 폭넓은 삶을 나누고 싶어 하는 신실하고 헌신된 사람들이 증가하고 있다. 아나뱁티즘은 예수의 가르침이 모든 장소에서 평범하게 살아가는 사람들이 순종할 수 있는 것이라고 주장한다. 우리는 지속적으로 이러한 주장을 해왔지만, 현재에 와서야 로마 가톨릭교회 내에서 이러한 주장이 제기되고 있다. "행함이 없는 믿음은 죽은 믿음"이라고 했던 야고보의 주장은 현재 통상적으로 받아들여지는 가르침이 되고 있다.

아나뱁티스트들은 성서가 그리스도인들에게 최종적인 권위가 된다고 말한 종교 개혁의 주장에 동의한다. 이는 매우 자주 언급되는 말로서, 루터의 주장과 아주 유사하기 때문에 실제 이 둘 사이에 존재하는 중요한 차이가 무엇인지 놓치기 쉽다. 사실 프로테스탄트들처럼 아나뱁티스트들은 전통과 성서의 유효성을 동일하게 여기는 트렌트 종교회의의 가르침을 거절한다. 아나뱁티스트들에게는 성서만이 유일한 권위로 존재한다. 그들이 이 부분에 대해 요지부동의 자세를 취하고 있기 때문에 교회론과 삶 속에서의 실천은 항상 성서에 의해 검증되어야 했다. 한편 전통은 변화한다. 프로테스탄트 개혁가들과 더불어 아나뱁티스트들은 교회 안에서 잘 발전되어 온 내용이라 할지라도 성서에 의해 검증되고 규율화되지 않은 오류를 너무나 많이 보아 왔기 때문에 전통의 규범적 기능을 거절한다.

그렇다면 가톨릭 교사들이 평신도들은 이해하기 어려울 것이라고 주장하는 성서를 어떻게 하면 올바르게 해석할 수 있을까? 이 질문에 대하여 아나뱁티스트들은 두 가지 방식으로 설명한다. 첫 번째로, 아나뱁티스트들은 성서에 대한 역사적 관점을 견지한다. 이는 아나뱁티스트들이 오고 계신 예수를 이스라엘 역사에서 가장 중요한 사건으로 이해한다는 말이다. 이들은 예수가 이 땅에 오신 사건을 그 어느 곳에서보다 큰 권위를 갖고 분명하게 드러내신 하나님의 자기 계시로 이해했다. 그러므로 예수께서 말씀하시고 행하신 것은 물론 예수를 따라다녔던 첫 제자들의 행동과 말씀을 어떤 사람의 말이나 행동보다 위대한 권위가 있는 것으로 보았다. 그러므로 "그리스도와 사도들의 삶과 가르침"이 성서를 해석하는 첫 번째 원리가 되었다. 성서에 있는 내용이라도 서로 반대되는 내용이 있다면 그리스도와 사도들의 가르침에 그 자리를 양보해야 했다. 이처럼 예수는 의문의 여지 없이 모든 것의 중심, 특히 이 땅 위에서 인간으로 삶을 사셨던 예수가 모든 것의 중심이 되었다.

두 번째로, 아나뱁티스트들은 방법론에 대한 질문을 던졌다. 아나뱁티스트들은 학문 그 자체를 무시하거나 경멸하지는 않았으나, 학문에 한계가 있다고 생각했다. 그들은 루터나 츠빙글리가 성서학자들이긴 했지만 그들이 해석해 놓은 내용이 서로 다르다는 사실을 알고 있었다. 아나뱁티스트들은 종종 학자들이 서로 모순되는 내용을 끊임없이 주장한다는 사실을 지적했다. 상황이 이러한데도 해석이 옳다고 결정을 내리는 사람들은 항상 학자들이었고 잘못을 지적하는 사람들도 항상 학자들이었다. 왜냐하면 학자가 아닌 사람들은 이러한 결정에 참여하지 못했기 때문이었다. 아나뱁티스트들은 그 사람이 얼마나 별 볼 일 없든 모든 신자들이 성령을 소유했으며, 그래서 성서를 합법적으로 해석할 수 있다고 주장한 루터의 입장을 취했다. 그러나 그들은 주장만 그렇게 했던 루터보다 한 걸음 더 나아가 궁극적으로 교회가 성서를 해석해야 한다는 오래된 원리를 고수했다. 이러한 입장은 분명 가톨릭의 가르침이었지만, 아나뱁티스트들은 교회가 성서를 해석해야 한다는 그들의 관점을 당연하게 여겼다. 그러나 이러한 입장은 단순히 가톨릭이 견지하는 수직적인 모습도 아니었고 프로테스탄트들이 성서를 해석하도록 학자들이나 교사들을 임명하는 모습도 아닌 제자들의 공동체로 모인 사람들이 성서를 해석한다는 입장이었다. 이러한 공동체는 성서의 의미를 놓고 씨름했고, 그 성서 구절이 의도한 것이 무엇인지에 대한 공동의 이해에 다다랐다. 이러한 방법이 전혀 문제가 없다거나 약점이 없다는 것은 아니었지만, 한편으로는 권위주의적인 해석을 피하는 방법이 되었고, 또 다른 한편으로는 사전에 아무런 정보가 주어지지 않은 사람들에게 상상력을 제공해 주었다. 성서에 대한 이러한 접근 방식은 최근에 들어 가톨릭과 프로테스탄트들에게 상당히 중요한 것으로 이해되고 대중적으로 받아들여지고 있다.

이와 같이, 아나뱁티스트들은 가톨릭과 프로테스탄트 운동과는 분리되면서도 그들에게 결핍된 내용을 보완하는 아주 독특한 방식의 강조점들을 고수해 왔다. 현재 믿음과 행위가 서로 상반되는 오래된 성서 해석 방식에는 심각한 오류가 있다는 것을 문제시할 사람은 거의 없을 것이다. 그리고 사제들이나 학자들이 통제하는 가운데 성서를 해석하기보다는 하나님의 뜻을 알기 원하는 사람들이 서로 묻고, 연구하고, 기도하는 가운데 하나님의 뜻이 가장 적절하게 발견될 것이라는 점에 동의하는 그리스도인들이 도처에 있다.

아나뱁티즘은 현재 우리 문화와 교회가 당면하고 있는 두 가지 다른 주제에 대해 말하고 있다. 첫 번째 주제는 매우 절박한 변화를 필요로 하지만 즉시 변화를 이루어야 할 것인지, 아니면 점진적으로 변화를 이루어야 할 것인지에 관한, 꽤 오래 논의된 문제이다. 현재 그리스도인들을 포함한 많은 사람들이 점점 더 포악한 제도를 폭력적으로 전복해야 할 필요성이 있다고 주장한다. 정의를 이루기 위해 폭력은 필수불가결한 것이라는 주장이 점점 더 큰 호응을 얻고 있다. 이러한 외침은 즉시 정의를 이루어야만 하며 폭력만이 즉각적인 결과를 이루어 낼 수 있는 유일한 방법이라고 여긴다. 한편으로 오래된 세대들은 변화의 필요성을 오랫동안 기다려 왔으며, 기존의 권력과 제도에 의한 점진적인 변화에 관심이 있다. 이들은 혁명보다는 개혁을 원한다. 이들은 급격한 정책의 변화는 새로운 독재자를 낳는다고 주장한다.

한편으로 아나뱁티즘은 마치 반대편에 위치한 사람들로 인식되는 것 같다. 아나뱁티스트들이 '조금의 주저함도 없이' 기본적인 변화들을 즉시 요구해 왔다는 사실에는 의심의 여지가 없다. 그러나 기존의 권력과 제도들을 모두 즉시 파멸시켜야 한다고 주장하지는 않는다. 그들이 목표를 성취하기 위해 즉각적으로 모든 방법을 다 사용할 준비가 되어 있다고 주장하는 것은 아니다. 아나뱁티즘은 폭력을 의지하여 "뮌스터에서 하나님의 왕국"을 이루려 했던 어리석은 시도를 한 역사를 갖고 있다. 사실상 이는 전체 운동에 의해 탈선으로 여겨지고 있다. 아나뱁티스트들은 정의를 분명히 요구하지만, 정의와 폭력은 함께 갈 수 없으며, 폭력으로 정의를 이루려는 시도는 마치 기름으로 불을 끄려는 것과 같은 이치라는 사실을 너무나 잘 알고 있다. 폭력 대신에 그들은 낡은 제도들이 더 이상 존재하지 않는 것처럼 행동하고 살아간다. 그들은 단순히 사람들 위에 군림하는 낡은 권력과 제도들을 인정하지 않는다. 그들은 그들이 기대하는 하나님의 나라가 마치 이미 그들이 있는 곳에 충만한 모습으로 임한 것처럼 살아간다. 그들은 자신들이 사는 시대에 "이미 전쟁이 끝났다."라고 말하며 이미 시작된 평화와 더불어 살아간다.

동시에 그들은 자신들이 속해 있는 인간 사회 전체가 평화를 맞아들여야 한다고 믿으며, 평화의 점진성 또한 받아들인다. 그러나 그들은 폭력에 의한 통치에서 사랑에 의한 통치로 변화되려면 많은 시간을 필요로 하며 비싼 값을 치러야 한다는 사실을 잘 알고 있다. 평화를 이루는 방법 또한 항상 그 목적에 부합해야 하므로, 그들은 사랑을 거스르는 방식들을 의지하지 않고, 사랑으로 오래 참는 가운데 점차적으로 이루어지는 평화의 점진성을 받아들인다.

이미 첫 번째 주제를 통해 암시되었듯이, 이것은 비폭력이라는 두 번째 주제로 우리를 인도한다. 좌우간에 폭정을 끝내고 정의를 이루고자 하는 거의 모든 운동은 폭력의 길을 선택할 것인가, 말 것인가 선택하게 되어 있다. 폭력이 희망에 찬 파라다이스를 더 빨리 실현하는 데 도움을 줄 것이라는 착각은 많은 혁명의 종말에 잘 드러나 있다. 그러나 권력의 의자에 앉으면 재앙을 쉽게 피할 수 있으리라는 생각에 인간은 아주 잠시나마 찾아온 유혹에 쉽게 넘어간다. 그리스도인들이 정권을 잡는다면 사회에 기본적인 변화가 찾아올 것이라는 신념은 낡은 생각이다. 그러나 권력을 사용하여 사회를 움직이려 드는 낡은 규칙들을 계속 적용한다면, 그리스도인들이라 할지라도 기본적인 변화를 이루어 내지 못할 것이다.

이 점에서 아나뱁티스트들은 정부의 권력 집행에 참여하기를 거부하는 급진적인 입장을 고수했다. 그들은 예수께서 하신 말씀을 의지했다. "너희는 세상에서 인정받는 통치가 행세를 하지 말아야 한다. 으뜸가는 사람들은 스스로 무거운 권위를 행사한다. 그렇게 하는 것은 너희들의 길이 아니다. 누구든지 너희 가운데서 으뜸가는 사람은 너희를 섬기는 사람이 되어야 한다." 그들은 자신의 힘을 폭력과 강제로 유지하는 기존 질서를 위해 사용하기보다는, 낡은 체제 안에 있지만 낡은 통치 방식과 강제력이 더 이상 통용되지 않도록 새로운 질서를 실현하는 사람들이다. 이것은 모든 구성원들이 자신의 개성을 성취하고, 독특한 개인의 공헌을 통해 전체 공동체가 화력을 얻고 강함을 얻도록 돌봄, 사랑, 용서, 훈련된 공동체라는 형태를 띠며 나타난다.[138]

---

138 William Klassen, *The Forgiving Community* (Philadelphia: Westminster, 1966);

그러나 이미 언급한 것처럼, 마틴 루서 킹의 비폭력 시민운동과 같이 아나뱁티즘은 폭력의 성향을 보이는 일부 구성원들을 상대로 끊임없이 싸워야 했다. 시민운동에서 비폭력은 폭력을 반대하는 것에서 시작하여 상당한 진보를 이루었다. 아나뱁티즘에서 비폭력은 주로 하나님께서 마지막 때에 당신의 보복을 행사하실 것이라는 믿음과 확신 아래 이루어졌다. 그렇다 하더라도, 뮌스터에서의 폭력과 같은 예외적인 사건이 있기는 했지만,[139] 아나뱁티즘은 치러야 할 대가가 엄청나게 크다는 사실을 알면서도 기꺼이 비폭력의 원칙을 따르는 사람들 덕택에 신실한 모습을 지켜왔다.

아나뱁티스트들은 그들의 일상생활 속에서 비싼 비용을 치르며 예수의 법을 따라 살고 있다. 이를 예수께서는 다음과 같이 구체적으로 표현하셨다. "나를 따라오려고 하는 사람은, 자기를 부인하고, 자기 십자가를 지고, 나를 따라오너라. 누구든지 제 목숨을 구하고자 하는 사람은 잃을 것이요, 누구든지 나와 복음을 위하여 제 목숨을 잃는 사람은 구할 것이다. 사람이 온 세상을 얻고

Covenant and Community (Grand Rapids: Eerdmans, 1968)을 보라.

139 뮌스터 사건에 대한 존 하워드 요더(John H. Yoder)의 설명은 매우 적절하다. "무지한 역사가들이 아나뱁티스트의 이름을 손상시키기 위해 덧칠해 놓은 뮌스터 혁명은 아나뱁티즘과 맥락이 일치하지 않는다. 그것은 루터의 추종자들과 가톨릭이 동일하게 이단으로 정죄한 운동이었다. 그들은 하나님의 뜻을 사회 전체에 강요하는 모습으로 하나님의 원수들을 상대로 얼마든지 정치적인 방법을 사용할 수 있다고 믿었다." *Peace Without Eschatology?* (Scottdale, Pa.: Mennonite Publishing House, 1954), p. 15.

도 제 목숨을 잃으면, 무슨 이득이 있겠느냐?"[140]

이 장은 오스트리아의 인스브루크에 머무는 동안 작성되었다. 1536년 1월, 티롤의 어느 오래된 도시의 광장에서 아나뱁티스트 지도자였던 야코프 후터를 화형에 처한 바로 그 장소이다. 그의 죽음은 아나뱁티즘의 최후가 어떤지 보여 주는 상징이 되었다. 국가는 아나뱁티스트들을 불과 피로 박멸하려고 했다. 그러나 아나뱁티즘은 낡은 구시대의 끔찍한 권력의 한가운데에서도 새로운 법을 따라 살고자 하는 의지를 조금도 굽히지 않았고 타협하지 않았다. 약 5세기 전에 그들은 부활 안에 있는 '희망의 신학'을 알고, 살고, 죽었다. 그들의 신실함은 인류를 향한 하나님의 위대한 평화 계획에 따른 것이 분명하다. 아나뱁티스트들이 평화와 무저항이라는 절박한 문제에 대해 현시대를 사는 그리스도인들에게 진리를 말하는 것은 너무 담대해서 그렇게 살라고 제안할 수 없는 것인가? 만약 그렇게 제안할 수 있다면 아나뱁티스트들은 현재 이 시대의 교회들에게 주님께 제대로 된 충성을 다하도록 도전할 수 있지 않을까?

끝으로 이 시대에 살고 있는 아나뱁티스트 후손들에게 한마디 하면서 이 장을 접으려 한다. 이 시대 문화에 적응하고자 기울이는 우리의 노력에 대한 비용은 이미 완전히 지불되었다. 대부분의 다른 그리스도인들처럼, 우리는 급진적인 유산을 받아들이

---

140 마가복음 8:34~36.

지 않고도 살 수 있을 만큼 효과적으로 면역 체계를 갖추었다. 어느 새 우리는 교회를 잘 길들여 놓았다. 든든한 부동산에 많은 투자를 아끼지 않았고, 지속적인 제도화를 위해 많은 노력을 기울여 왔고, 앞으로도 그럴 것이다. 우리는 기꺼이 신학이라는 권위 있는 멋진 옷을 걸치고 있다. 많은 경우에서, 우리는 팥죽 한 그릇에 우리의 권리를 팔아치우고 있다. 그러나 현재 우리 메노나이트들 대부분은 우리가 무슨 일을 하고 있는지 꽤 잘 알고 있다. '울며 간청'함으로써 장자권을 돌려 달라고 했지만 결국 돌려받지 못했던 창세기의 에서와는 다르게, 우리는 우리의 유산을 되찾아올 수 있다. 우리의 어머니와 아버지들을 핍박했던 많은 영적인 조상들을 가진 다른 그리스도인들은 지금 우리가 가진 권리를 사기 위해 투자를 하고 있다. 감사하게도 우리 안에도 더 이상 가톨릭과 프로테스탄트와 아나뱁티스트가 되는 것에 연연해하지 않는 모습으로 잃어버린 권리를 되찾으며, 여전히 "너희에게 평화가 있으라!"라고 우리에게 인사하시는 부활하신 주님의 신실한 제자가 되기 위해 노력하는 사람들이 많이 있다.

긍정적이기도 하고
부정적이기도 한 아나뱁티즘[141]

서론

메노나이트이면서 동시에 아나뱁티스트-메노나이트 역사를
기록하는 저자가 되는 것은 쉽지 않다. 역사를 기록할 때 스스로
를 변호하려는 강한 충동을 물리치기가 때로는 쉽지 않기 때문이

141 이 책《가톨릭도 프로테스탄트도 아닌 아나뱁티즘*Anabaptism: Neither Catholic nor
Protestant*》은 1973년에 출간된 이후, 몇 쇄를 찍을 정도로 급속히 팔렸다. 1975년
아나뱁티즘 탄생 450주년을 기념하는 해에, 월터 클라센은 캐나다 온타리오 주에
있는 락웨이 메노나이트 교회(Rockway Mennonite Church) 앞에서 막 출간된 책
의 내용을 발표했다. 그가 처음으로 발표했을 때는 원래 책의 내용에 후기를 추가
하여《긍정적이기도 하고 부정적이기도 한 아나뱁티즘*Anabaptism: Both Positive
and Negative*》(Waterloo: Conrad Press)이라는 제목의 소책자로 출간되었다.

다. 나는 16세기부터 지금까지 이어져 내려온 역사의 산물이자, 내 선조들이 존경해 마지않는 그 역사의 부분이다. 나는 그다지 좋지 않은 사람들이 의도적으로 짓눌러 왔던 사람들과 선한 것들에 대해서만 말하다가 죽은 사람들을 칭송하는 이들의 운동에 참여해 왔다.

메노나이트들 중에는 현재 모범이 될 만한 과거의 사건에 대해 흥미를 갖는 보통 사람들의 버릇이 있다. 그러한 버릇은 그 자체로 정당하지만, 아무런 비판 없이 선조들이 물려준 전통을 칭송하는 형태를 띠게 되면, 그 자체로 정직하지 못할 뿐만 아니라, 초인적인 모델들의 기준에 부합하지 못하는 보통 사람들에게 죄의식을 가져다준다.

나는 내가 설명한 과정을 통해 이러한 역사에 동참해 왔고, 지금도 동참하고 있음을 충분히 인식하고 있다. 그러나 역사가라는 특수한 직업을 추구하면서 나는 내가 아나뱁티즘에서 무엇을 강조하고 무엇을 무시할 것인지를 결정하는 자유를 누렸음을 점점 더 명확하게 인식하게 되었다. 나는 메노나이트가 아닌 역사가들이 단순히 생각이 달라서 나를 반대하는 것이 아니라, 내가 속한 전통의 약점과 내가 보지 못하는 것들을 날카롭게 지적하고 있다는 사실을 배우게 되었다.

그래서 나는 아나뱁티즘의 태동 450년을 기념하는 해에, 위대하든 평범하든, 강하든 약하든, 진보적이든 퇴보적이든 상관없이

20세기에 사는 후손들에게 물려줄 만한 내용을 담은 동시에 나의 선조들에게 바칠 만한 작은 기념비를 세울 요량이었다. 이 책은 우리의 과거를 아무런 비판 없이 사용하지 말라는 경종을 울림과 동시에, 우리 선조들에 대해 정직하게 반응하라는 따끔한 가르침을 줄 것이다.

이 책이 말하고자 하는 주제에 알맞은 성서 구절들을 찾는 과정에서, 나는 시편 78편과 106편이 보여 주듯이 역사와 전통을 묵상한 내용이 들어 있는 시편의 인도를 받았다. 히브리인들이 자신들의 역사와 선조들에 대해 묵상한 내용 중에 가장 놀라운 것은 진짜 신뢰할 만한 그들의 정직성이었다.

어느 전통이든지 그들만이 갖고 있는 독특한 현실주의가 있다. 우리는 어디에서나 전통과 선조들을 이상화하고 영광스럽게 만드는 모습을 만나게 된다. 하지만 히브리인들의 글에는 그런 면이 없다.

북아메리카의 메노나이트들은 지금 자신들의 전통과 조상들을 대할 때 사회의 표준화된 모델을 따라가는 위험천만한 태도를 보이고 있다. 우리는 콘라트 그레벨, 메노 시몬스와 그의 동료들이 마치 아무런 신학적 또는 실천적 흠이나 실수 없이 초인처럼 시대를 살아간 위대한 인물들인 것처럼 생각한다. 실현 불가능한 모습을 갖고 있는 이러한 사람들을 따라가야 할 모델로 만들어 놓음으로써, 우리는 더 이상 아나뱁티스트로 살 수 없다고 가슴을 치며 한탄하고 죄의식을 느끼기도 한다.

위험천만한 또 다른 태도는 아나뱁티스트 저술들을 성서에 버금가는 또 다른 지위에 놓고 절대적인 권위를 부여하려 한다는 것이다. 이러한 문제는 상상력을 질식시키며 새로운 시도를 감행하지 못하게 만든다. 아리스토텔레스가 중세 시대의 자연사의 권위로 작용하자, 사람들은 자연 현상을 조사하고 연구하는 대신에 그에게 답을 찾는 것으로 만족했다. 조사 연구에 근거를 둔 진정한 과학은 그의 권위를 거부하면서야 비로소 출범하게 되었다.

성서를 대하는 그리스도인들의 태도 역시 너무나 똑같은 모습을 보인다. 성서가 절대적인 권위로 존재하기 때문에 그리스도인들은 성서를 모방하기만 할 뿐, 자신들이 갖고 있는 상상력을 사용하지 못하고, 성서에서 얻을 수 있는 새로운 사상과 행동에 대한 새로운 통찰력을 개발하지 못하고 있다. 아나뱁티즘을 대하는 우리의 자세도 같은 위험에 처해 있다.

그래서 나는 어떻게 하면 16세기 선조들과 우리가 연결될 수 있는지 그 방법을 찾는 데 관심을 기울인다. 어떻게 하면 우리가 역사를 잘 '사용'할 수 있을까? 어떤 방식으로 이러한 전통이 우리 시대에 적절성을 가질 수 있을까? 어떻게 아나뱁티즘이 현대를 사는 우리에게 모델이 될 수 있을까?

역사에는 오류가 있다

아나뱁티즘을 생각할 때 가장 먼저 떠오르는 생각은, 아나뱁티즘에 대한 우리의 이해는 역사가들과 신학자들이 구성해 놓은 것이라는 점이다. 역사에 관한 모든 저술들과 과거에 있었던 사건들을 재구성하려는 시도들 아래에는 이러한 문제가 놓여 있다. 건축물을 살펴보면, 전체 건물을 구성하고 있는 벽돌이라는 원재료가 존재한다. 역사를 기술하는 이러한 원재료들은 저마다 편견 아래 놓여 있다. 역사의 사건은 자신들의 입장이나 반대자의 입장에서 기록된다. 그러므로 어떤 경우든 역사가는 원재료를 어떤 방식으로 다룰지 결정해야만 하며, 이는 매우 주관적인 과정이다.

원재료는 아주 제한적이다. 왜냐하면 우리는 극소량의 기록들만 갖고 있으며, 설령 우리가 갖고 있는 모든 기록들을 다 사용한다 치더라도 아나뱁티즘에 대해 그려 놓고 있는 그림들은 여전히 왜곡된 것이기 때문이다. 그나마 이러한 원재료들 중에서 역사가들은 시간, 열정, 자원 등의 한계로 인해 몇 개만을 선택하여 글을 쓴다. 더 나아가 선택된 원재료는 통일성 있는 자료로 잘 정리되기보다는 역사가의 생각 속에 있는 목적을 따라 기록된다.

이처럼 우리는 일련의 필터를 통해 아나뱁티즘을 이해하고, 아나뱁티즘에 대한 권위 있는 작품들에 대해서도 회의적인 자세를 취해 왔다. 그러나 우리가 절망에 두 손을 들고 항복하지 않도록 내가 한마디 덧붙이고 싶은 것은, 모든 역사적 재구성은 이러한 장애들로 인해 고통을 받아 왔다는 사실과 역사 기술의 한계 안에서도 아나뱁티즘에 대해 더욱 신중하고 책임 있는 조사 연구가 이루어지면 우리에게 신뢰할 만한 초상화를 보여 줄 수 있다는 사실이다. 나는 여기에서 우리가 알고 있는 아나뱁티즘에 관한 내용에 대해 너무 확신하지 않아야 하며, 믿을 만한 권위 있는 모델을 세워 나가야 한다고 말하고 싶다. 과거에 대한 우리의 초상화는 상당히 잘못되었다.

그러나 역사는 드러낸다

역사에 대한 유대교-기독교 관점은 있는 그대로 역사를 드러낸다. 역사는 무슨 일이 일어났고 무엇을 피해야 하는지를 사람들에게 알려 주기 위한 하나님의 소통 수단이다. 이런 관점이 보여 주는 중요한 사실은, 각 사건이 독특하고 그 사건만이 전달하고자 하는 특별한 메시지가 있다는 점이다.

그러므로 우리가 경험하는 사건들이 16세기 사건과는 다르고 독특하기 때문에 우리가 16세기 아나뱁티스트처럼 될 수 없다는 것은 애초부터 분명하다.

각 사건은 영원성과는 멀리 떨어져 있다고 했던 랑케의 말처럼, 각 사건은 저마다 독특성이 있기에, 우리는 아나뱁티스트들만이 갖고 있는 독특성을 인정해야만 한다. 아나뱁티스트들이 우리의 모델이 되기 위해 산 것은 아니었다. 그들은 영원의 빛 안에 거하기 위해 그들에게 주어진 그들만의 비전과 삶을 살았다. 그들은 성실하고 정직하게 살아왔다. 우리는 그들이 감당할 수 없는 역할을 억지로 그들의 어깨에 지울 수 없다. 우리가 원하는 방식으로 그들을 묘사하는 경향을 보일 때, 그들은 본연의 모습과 다른 사람들이 되고 만다. 그들에게는 그들의 시대를 사는 사람들처럼 말하고 행동할 자유가 주어져야만 한다.

여전히 나는 하나님께서 자신을 계시하신 터전이 바로 역사라는 기독교 신념을 말하고 있다. 하여 이러한 믿음에 대해 좀 더 이야기하려 한다. 이러한 믿음을 받아들인다면, 우리가 속한 전통과 우리 선조들이 보았던 역사에서 찾을 수 있는 진리를 좀 더 사려 깊게 바라볼 수 있을 것이다.

이러한 과정을 따르려면 두 가지 사실을 인정해야 한다.

1. 한 사건이 결코 전체 진리를 다 드러낼 수는 없다. 우리는 약간의 통찰력을 갖고, 부분적인 진리를 엿볼 수 있을 뿐이다. 진리의 섬광은 아마도 꽤나 화려할 것이다. 우리는 나사렛 예수 안에서 초신성이 뿜어내는 듯한 엄청난 섬광을 보고 있다고 믿는다. 사실상 예수를 '그 진리the truth'라고 말할 정도로 역사는 많은 진리를 드러내고 있다. 다른 사건들은 상대적으로 덜 밝은 빛을

나타낸다.

이러한 모든 것이 암시하는 것은, 아나뱁티즘 안에 어떤 진리에 대한 계시가 있고 진리를 드러내는 모습이 있다고 할지라도, 그 안에 모든 진리가 다 들어 있는 것은 아니라는 사실이다. 그러므로 아나뱁티즘을 권위적인 모델로 사용하는 것은 우리 스스로를 제한하는 일이다. 왜냐하면 그렇게 하는 것은 우리로 하여금 훨씬 밝은 빛과 진리를 드러내는 다른 사건들을 바라보지 못하도록 막기 때문이다. 우리는 다른 그리스도인들과 비그리스도인들이 드러내는 여러 사건들을 함께 볼 필요가 있다.

2. 한 사건이 긍정적인 면과 부정적인 면을 동시에 드러낼 수 있다. 이것은 히브리인들이 자신의 과거에 대해 묵상하는 독특한 방식인데, 그들은 이스라엘의 충성스러운 모습과 불충한 모습을 동시에 바라보았다.

우리에게는 우리 역사의 긍정적인 면을 지나치게 강조하는 반면에 부정적인 면은 보지 못하도록 감추려는 경향이 있다. 이 점에서 나도 예외는 아니다. 시간의 흐름에 따라 점점 더 많은 비메노나이트 역사가들이 이 사실을 우리에게 지적해 주었다. 전통에 대해 우리는 긍정적인 면은 물론 부정적인 면을 함께 다루어야 한다.

아나뱁티스트들도 똑같은 사람들이다. 그들도 우리처럼 자기기만의 성향, 최종적이며 절대적인 답에 대한 집착, 다른 답에 대한 불인정 같은 특징을 갖고 있었다. 나는 이 소책자에서 아나뱁티스트들의 부정적인 측면을 지적하기를 주저한 적이 몇 번 있었고, 지금도 충분히 그런 충동을 느끼고 있다.

아나뱁티스트의 부정적인 면과 긍정적인 면

우리는 진리의 섬광을 드러내는 존재로서 아나뱁티즘에 대해 이야기해 왔다. 우리는 진리를 드러낸 예언자들의 존재를 기억하듯이 아나뱁티스트 역사를 사용할 수 있다. 우리가 그렇게 할 수 있는 것은 예언자적인 운동에는 항상 부정적인 면과 긍정적인 면이 공존하기 때문이다.

구약의 예언자들은 하나님에 대해 말했다. 그러나 우리가 바알의 예언자들을 도륙한 엘리야의 행동을 거룩하게 여기며 같은 모습으로 행해야 하는가? 예언자들이 미래에 대한 비전을 보았지만, 그들이 본 많은 비전은 실행되지 않았다. 다시 말해서, 많은 비전이 장소, 시기를 잘못 계산하고 사람들을 잘못 알아보았다. 다른 것 때문에 자신들의 비전을 폐기하는 것은 매우 어렵고 불편하다. 그러나 우리가 이러한 결점들을 인정할 때, 진리의 섬광이 더 분명하고 밝게 비친다.

아나뱁티즘과 관련해서도 마찬가지이다. 아나뱁티스트들 역시 하나님을 대변해 왔다. 그러나 이들에게서도 부정적인 면을 발견한다. 우리는 그 부정적인 면을 볼 필요가 있다. 왜냐하면 부정적인 면을 살펴봄으로써 아나뱁티즘에도 오류가 있다는 사실을 깨달을 수 있기 때문이다. 이러한 부정적인 면은 모두 피해야 한다. 아나뱁티스트들이 갖고 있는 부정적인 면들 중에는 아나뱁티스트들이 전체 진리를 소유했고, 모든 다른 것들은 잘못되었다는 주장이 있다. 이것이야말로 구약이 말하는 거짓 예언이자 가짜에 속아 넘어가는 사기이다. 우리는 이러한 편협한 모습을 반복하지 말아야 한다.

스스로 진리를 독점한다고 여기는 사람들은 유머가 부족하고 스스로를 너무 진지하게 생각하는 경향이 있다. 이들에게는 형태, 소리, 색상이 가져다주는 아름다움이 결여되어 있다. 결국 구원이 하나님과 인간의 합작품이라는 점을 강조하고 율법주의나 도덕주의에 함몰되는 경향을 보인다. 이 부분에 이르면 하나님의 은혜를 쉽게 잊는다.

그러나 우리는 이러한 모습 속에서 하나님의 나팔 소리를 분명하게 듣는다. 여러 세기가 지나도록 시들지 않는 진리의 나팔 소리를 듣는다. 고백과 행동이 일치해야 한다는 오랜 주장을 목격한다. 자유가 점진적으로 제한되는 세상이지만 그들로부터 선택에 대한 최대한의 자유를 요청하는 목소리를 듣는다. 전쟁과 생태적으로 수탈당하는 이 세상 속에서도 우리는 정책의 방편으로 폭력을 사용하며 특별히 힘을 사용하는 그리스도인들의 방식을 준엄하게 꾸짖는 그들의 목소리를 듣는다. 결국 모든 인간 제도들은 최악보다 좀 나은 것이라는 주장을 목격한다. 어느 누구도 우리에게 완전한 충성심을 요구할 수 없다. 왜냐하면 그 충성은 오직 하나님께 속한 것이기 때문이다.

결론

부정적이든 긍정적이든 이러한 점들을 나는 아나뱁티즘의 기능적 모델이라 부른다. 틀림없이 어떤 사람들은 여기에 한두 마디를 덧붙이고 싶겠지만, 대부분은 타협할 만한 것들이다. 이러한 점에서 우리가 버려야 할 부정적인 것도 있지만, 제도, 예전, 언약, 신학을 통해 긍정적으로 표현해야 할 것들도 있다.

조지 버트릭George Buttrick이 기록했던 것처럼 역사는 예시적이다. 과거의 인물들과 사건들은 오늘 우리가 걷는 길을 비추어 준다. 우리의 영적인 조상들, 어머니와 아버지들께 존경을 표해야 하지만, 우리에게 필요한 빛까지 비추어 달라는 책임까지 그들에게 지워서는 안 될 것이다. 그들은 결코 그러길 바라지 않을 것이다.

부록 1 중요 인물 소개

한스 뎅크 Hans Denck, 1500~1527

한스 뎅크는 최초로 남부 독일의 아나뱁티즘을 이끈 아주 매력적인 지도자 중 한 사람이었다. 그의 신비롭고 인간적인 성향은 루터의 가르침과 잘 어울리지 못했다. 그런 까닭에 그는 뉘른베르크에 있는 유명한 성 제발트 St. Sebald 학교 교장으로 있는 동안에 '오직 믿음으로'를 주창했던 루터의 가르침을 신랄하게 비판하여 자신의 사상을 발전시켰다. 그는 1526년 5월 아우크스부르크로 가서 후프마이어와 협력했고, 프로테스탄트 당국에 의해 추방되어 스트라스부르에서 잠시 머무는 동안에는 보름스와 아우크스부르크 지역의 아나뱁티스트 지도자로 활동했다. 보름스에서 그는 구약의 예언서를 완역하는 일을 도왔다. 1527년 11월 전염병으로 사망했다.

덴크는 당시 혹독하고 증오스러울 만큼 맹렬한 논쟁에 휩쓸리기도 했다. 그의 저술은 영혼에 평화를 가져다주는 것으로 정평이 나 있다.

콘라트 그레벨Conrad Grebel, 1498~1526

콘라트 그레벨은 스위스 아나뱁티즘을 시작한 주요 인물이었다. 그는 귀족으로 태어나 사회적인 지위와 교육의 기회를 한껏 누리며 살았다. 그는 파리, 바젤, 빈에서 대학교를 다녔지만, 학교를 마치지는 못했다. 라틴어와 그리스어 실력이 상당히 유창했고, 당시 유명한 인문주의에 상당한 영향을 받았다.

1522년 그는 열정적이고 활달한 그리스도인으로서 츠빙글리를 지지했고, 그에게서 상당히 많은 것을 배웠다. 그는 제대로 된 개혁을 위해 변화가 필요하다는 입장 아래 츠빙글리에게 더 큰 열망을 갖도록 압박했고, 츠빙글리는 젊은 동료들을 말리기에 역부족이 되었다. 그레벨은 십일조 제도와 츠빙글리 계파에 속하여 교회의 성상을 사용하는 문제를 신랄하게 비판했으나, 시의회는 이들의 급진적인 행동을 준엄하게 질책했다. 1522년 초, 그는 자신보다 신분이 낮은 소녀와 결혼하는 문제로 부모와 연을 끊었다.

1523년 그레벨과 그의 추종자들, 그리고 츠빙글리는 기본적인 의견 차이, 특별히 시의회 대 교회의 역할에 관해 격론을 벌였다. 그레벨은 참으로 헌신된 신자들의 교회가 시의회의 압력과 구속에서 벗어나 자유하기 원했다. 그러나 그 차이로 인한 골이 이미 너무 깊어져서 화해가 불가능하게 되었다.

1525년에 그레벨과 그의 추종자들은 성서 공부와 기도를 위한 모임을 만들었고, 이 성서 공부 모임에서 1524년 9월 토마스 뮌처에게 보내는 편지에서 설명했던 새로운 교회를 구상하게 되었다. 이 모임에서 그들은 루터에 대해 아주 비판적인 뮌처의 책들을 읽었다. 그들은 정부의 후원을 받는 개혁가들을 반대하고 있는 뮌처에게서 일종의 개연성을 얻게 되었다. 실제로 그들은 뮌처에 대해 잘 알지는 못했지만, 자신들의 생각과 비슷하고 희망적인 지지자를 찾고 있던 터였다.

그레벨은 1525년 1월에 이 작은 성서 공부 모임을 기반으로 신약 성서를 모델로 하는 철저히 개혁된 교회에 대한 비전을 더 발전시켰고, 그 결과가 어떠했는지는 이 책에 설명되어 있다. 그레벨은 취리히 주변과 인근 도시들에서 성공적으로 개혁을 진행해 나갔다. 그는 1526년 마이엔펠트로 추방되어 그곳에서 병사했다.

그는 매우 충동적이었고 참을성이 없었으며, 때때로 주변 사람들을 제대로 배려하지 않았다. 그러나 그는 진지하고 헌신된 그리스도의 제자였으며, 가톨릭과 프로테스탄트를 넘어선 새로운 기독교를 시작한 사람이었다. 그는 자신의 비전을 위해서라면 그 어떤 대가라도 치를 준비가 되어 있었다. 그의 후손들은 여러 세기가 지난 지금도 취리히에서 지도자로 일하고 있다.

발타자르 후프마이어Balthasar Hubmaier, 1480~1528

발타자르 후프마이어는 탁월한 아나뱁티스트 신학자였다. 그는 바이에른에서 태어나 1515년 잉골슈타트에서 공부하여 신학 박사가 되었다. 얼마 후 그는 레겐스부르크 성당의 유명한 설교가가 되었다.

1521년 후프마이어는 취리히 북쪽에 있는 발츠후트의 작은 도시 합스부르크에서 목사가 되었고, 이듬해에 자신의 추종자들과 함께 츠빙글리가 주창하는 개혁을 시도했다. 후프마이어를 따라 1525년 초 취리히에서 시작된 아나뱁티즘에 참여한 사람들은 합스부르크 군대에게 진멸되었다. 후프마이어는 취리히로 도망했으나 잡혀서 투옥되었고, 모진 고문과 더불어 신앙을 포기하라는 강요를 당했다. 그는 용케 모라비아로 피신했고, 니콜스부르크에 있는 큰 아나뱁티스트 교회의 지도자가 되었다. 이 교회는 일종의 국가 교회에 해당하는 교회였다. 후프마이어는 국가와 비폭력에 관해서 그레벨과 다른 아나뱁티스트들과 한 번도 의견이 일치한 적이 없었다. 그가 세례와 교회의 질서에 대해 쓴 인상적인 글들은 대부분 니콜스부르크 시절에 쓴 것이다. 1528년 리히텐슈타인의 영주들이 더 이상 그를 보호하지 않게 되면서 그는 합스부르크의 영주들 손으로 넘겨졌다. 그는 빈에서 화형을 당했고, 그의 신실한 아내는 다뉴브 강에 수장되었다. 후프마이어는 "진리는 불멸한다."라는 말을 즐겨 사용했다.

한스 후트Hans Hut, ?1485~1527

한스 후트는 남부 유럽의 유능한 아나뱁티스트 전도사로, 다른 지도자들 전체가 인도한 사람들 수보다 더 많은 사람들을 혼자 회심시켰다. 그는 오스트리아와 모라비아에 존재했던 거의 모든 아나뱁티스트 그룹을 시작한 사람이다.

무역업을 경영하는 제본업자이자 도서판매상이었던 후트는 여행을 하면서 1520년대의 종교적 격동에 대해 지적으로 이미 친숙해져 있었다. 그는 토마스 뮌처를 칭송하며 그와 관련된 책을 출판하기도 했다. 1526년 그는 한스 뎅크에게 세례를 받은 후 아우크스부르크로 갔다. 그 후 18개월 동안 그는 설득력 있는 순례 전도사로 활동하면서 많은 사람들을 그리스도의 십자가 앞으로 이끌었으며, 많은 재능 있는 지도자들을 아나뱁티즘으로 인도했다. 뮌처의 강력한 영향력 아래에서 후트의 신학은 신비적인 모습을 띠게 되었고, 후에 후터라이트 공동체에 영향을 주었다.

그는 1527년 아우크스부르크에서 체포되어 투옥되었으며, 감옥의 화재로 목숨을 잃었다. 그는 파란 만장한 인생을 살았던 초기 아나뱁티즘 지도자들 중 한 사람이었다.

펠릭스 만츠 Felix Manz, 1498~1527

펠릭스 만츠는 스위스 아나뱁티스트 창시자의 일원이었다. 그는 라틴어, 그리스어, 히브리어에 능통했으며, 1520년대 초반 츠빙글리의 성서 공부 모임에 정기적으로 참석했다. 만츠의 어머니 집에서 아나뱁티스트 교제가 처음으로 시작되었다. 만츠는 취리히에서 2년 동안 복음을 전하다가 투옥되기도 했다. 1527년 1월 5일 그는 아나뱁티스트로서 '정부를 상대로 반란과 선동'을 일으켰다는 죄목으로 사형을 언도받았다. 그가 주장해 왔던 세례를 제대로 시행한다는 섬뜩한 의미로 수장형이 집행되었다.

필그람 마르펙 Pilgram Marpeck, ?1495~1556

필그람 마르펙은 콘라트 그레벨과 메노 시몬스와 더불어 기억해야 할 중요한 아나뱁티스트 지도자였다. 그는 티롤에서 태어나 토목기사가 되었다. 그의 일가는 라텐베르크에서 잘 알려진 가문이었고, 마르펙 자신도 광산업과 관련 있는 직위에서 일했다. 1528년 초, 마르펙은 인스브루크 당국이 아나뱁티스트 활동을 조사하라는 명령을 거부했다는 이유로 해임되었다. 마르펙이 스스로 아나뱁티스트임을 밝히고 라텐베르크를 떠날 때, 재산을 몰수당했다.

그는 아내와 함께 스트라스부르로 이주했고, 벌목한 목재를 강에 띄워 슈바르츠발트에서 스트라스부르까지 운송하는 작업을 담당하는 시 공무원으로 일했다. 한편 그는 이 지역에서 유능한 웅변가이자 신망받는 아나뱁티스트 지도자로 알려지게 되었다.

유아 세례와 교회를 후원하는 교회에 대한 마르펙의 해박한 비평은 즉시 스트라스부르의 개혁가인 마르틴 부처와의 문제를 일으켜 마르펙은 그 도시를 떠나야만 했다.

1532년부터 1544년까지 그의 행적은 알려지지 않았으며, 1544년 아우크스부르크에 정착하여 시 공무원으로 일했다. 이곳에서 그는 알자스에서 모라비아에 이르는 남부 독일의 교회 지도자가 되었다. 그는 자신이 섬기던 교회에 수많은 편지를 보냈으며, 스트라스부르에서 만났던 기독교 평신도 카스파르 슈벵크펠트Caspar Schwenckfeld와 긴 논쟁을 벌이기도 했다. 그들이 주고받은 주된 논쟁은 성서, 세례, 주의 만찬을 비롯하여 인간 예수에 이르기까지 보이는 것과의 관계는 물론 보이지 않는 하나님에 이르기까지 다양했다. 마르펙은 사람은 보이는 것을 통해서만 보이지 않는 것을 이해할 수 있다고 주장했다. 슈벵크펠트는 이를 부정하면서 하나님께서는 자신을 보이는 것 없이도 드러내시는 분이라고 주장했다.

마르펙은 자신이 갖고 있는 핵심 근거로 그리스도의 인간성에 집중함과 동시에 기독교 신앙과 관련된 기본적인 주제들을 이해함으로써 자신의 길을 발견한 유능한 신학자였다. 장황하고 반복되는 면이 없지 않으나, 기독교 신앙의 여러 문제들을 명확하게 설명한 창의적인 저술들을 남겼다. 그는 1556년 사망할 때까지 아우크스부르크에서 교회 지도자로, 시 공무원으로 일했다.

페테르 리데만Peter Riedemann, 1506~1556

페테르 리데만은 후터라이트 목사, 감독, 선교사이자 탁월한 저술가였다. 그는 9년을 감옥에서 보내면서 세례, 주의 만찬, 교회, 물질 나눔 공동체에 대해 분명하고 설득력 있으면서도 영적인 내용을 확립했다. 남아 있는 그의 많은 편지들은 그가 박해받던 그리스도인들에게 얼마나 탁월한 목사였는지를 잘 드러내 주고 있다. 1542년부터 그는 모라비아 지역 후터라이트의 주요 지도자였다.

미하엘 자틀러Michael Sattler, ?1490~1527

미하엘 자틀러는 호르프 주변, 슈바르츠발트 지역에서 활동한 스위스 형제단의 중요한 지도자이자 전도사였다. 그는 프라이부르크에 있던 베네딕트 수도원 원장이었으나, 농민혁명의 영향 아래 수도원을 떠나 1526년 말 할라우 주변에서 아나뱁티스트가 되었다. 그는 1527년 슐라이트하임에서 열린 아나뱁티스트 비밀회합을 주관했고, 아나뱁티스트 역사 최초의 고백서로 알려진 슐라이트하임 고백서를 입안했다. 이 고백서는 주로 제자도, 새로운 공동체의 생활과 질서에 대한 질문들을 다루고 있다.

이 회합이 있은 지 얼마 되지 않아 그는 함께 회의에 참여했던 다른 동료들과 함께 체포되어 로텐부르크에서 재판을 받게 되었다. 그의 재판과 사형은 아나뱁티스트 순교자들 중 가장 유명한 사건으로 기록되어 있다. 기록에 따르면 그는 높은 학식과 겸손한 비폭력 그리스도인이었다. 특별히 그에 대한 고발의 내용 중에는 다음과 같은 내용이 들어 있었다. 만약 그리스도인으로서 무기를 소지할 수 있다면 그는 오스만튀르크족을 상대하기보다는 그리스도인들을 상대해서 싸우겠다고 진술했는데, 왜냐하면 오스만튀르크족은 폭력의 사용에서 정직한데, 그리스도인들은 싸우면서 그들이 고백한 그리스도를 부인하고 있기 때문이었다. 오스만튀르크족들은 그 시대의 '공산주의자들'이었고, 이러한 진술은 재판에서 선동죄의 분명한 증거가 되었다.

그의 처형 방식은 극히 잔인했지만, 이전에 수사였던 그는 불에 타서 죽을 때까지 자세를 흐트러뜨리지 않았다. 스트라스부르의 개혁가인 마르틴 부처는 그에 대해 "로텐부르크에서 화형당한 미하엘 자틀러는 아나뱁티스트 지도자였지만 하나님의 진실한 친구였다는 사실은 의심할 여지가 없다."라는 말을 남겼다.

레오폴트 샤른슐라거Leopold Scharnschlager, ?~1563

레오폴트 샤른슐라거는 1530년 이래로 줄곧 필그람 마르펙의 고향 친구이자 가까운 동료였다. 그는 마르펙이 카스파르 슈벵크펠트를 상대로 쓴 긴 작품을 쓰는 일에도 동참했다. 그의 개인적인 저술 중에 1534년 스트라스부르 시의회에 관용을 요청하는, 탁월하고 정통적이면서 감동적인 탄원서가 잘 알려져 있다. 이 글은 발타자르 후프마이어와 세바스티앙 카스텔리오가 종교적 자유를 호소한 글에 필적할 만하다. 그는 그라우뷘덴에서 오랫동안 교장으로 일하다가 1563년에 사망했다.

메노 시몬스Menno Simons, 1496~1561

메노 시몬스는 16세기 네덜란드에서 가장 중요한 아나뱁티스트 지도자였다. 그의 이름을 따서 그를 따랐던 사람들을 메노나이트라 부르게 되었다. 그는 아나뱁티즘을 시작한 사람은 아니었으나, 2세대 아나뱁티즘을 통합하고 조직하고 영적인 지침을 마련했다.

1524년 그는 사제 서품을 받았고, 곧바로 몇 교구를 담당했다. 그가 네덜란드의 목회 초기 시절부터 화체설化體說의 기적에 대해 의심을 품게 된 것은 그다지 놀랄 일이 아닌데, 이는 주의 만찬에 대한 상징적인 관점을 변호하는 운동이 몇 년 동안 있었기 때문이다. 그는 이러한 입장에 대해 성서의 확증을 찾은 후, 성서의 권위를 따를 것인지 아니면 교회의 전통을 따를 것인지 선택의 기로에 놓이게 되었다. 몇 년 뒤에 그는 세례를 다시 받았다는 이유로 아나뱁티스트들을 처형하면서 점화된 세례에 대한 논쟁을 겪으면서 비슷한 위기를 맞고 있는 자신을 발견했다. 1531년, 그는 아나뱁티스트의 입장이 맞다는 결론에 이르렀다.

그러나 그는 아나뱁티즘에 가담하지 않았다. 아마도 당시에 이 운동이 점점 더 세상의 종말에 대한 걷잡을 수 없는 소용돌이에 휘말려 들어가기 시작했고, 점차로 폭력을 향하고 있었기 때문이었을 것이다. 그는 1536년에 이르러서야 마침내 가톨릭교회를 떠났다. 그는 행동의 실수가 있기는 했지만 결국 자신들의 신념을 따라 고난과 죽음까지 받아들인 아나뱁티스트들의 용기를 따라 가톨릭을 떠나야 했다고 말했다. 그는 세례를 받자마자 네덜란드를 비롯한 여러 나라에서 아나뱁티스트의 중요한 지도자가 되었다.

그는 뮌스터에서 영광을 기대하다가 절망하게 된 여러 상처받은 심령들과 잘못 인도받은 아나뱁티스트들을 이끌어 훈련받은 공동체를 이루기 시작했다. 그는 현상금이 내걸려 항상 숨어 다녀야 했지만, 말과 글로 사람들에게 설교하고 훈계하고 설득했다. 그의 활동 특성이 어떠했는지는 1544년에 쓴 그의 글에 잘 드러나 있다. "나라 전체를 살펴보아도 나의 불쌍한 아내와 어린아이들이 머물 수 있는 오두막 하나 찾을 수 없었고, 1년, 아니 6개월도 안전하게 보낸 적이 없었다." 그는 자신을 따르는 사람들을 돕기 위해, 자신을 반대하는 프로테스탄트들을 상대로 기독교 신앙과 관련된 다양한 주제에 대해 엄청난 저술을 남겼다.

프로테스탄트와 가톨릭의 박해를 받던 그는 결국 1554년 홀슈타인의 귀족의 영지에 은신처를 마련할 수 있었다. 말년에 그는 자신의 첫사랑이자 위대한 사랑인 그리스도의 교회에 대한 글을 저술하고 출간하는 데 많은 시간을 보냈다. 메노는 위대한 학자는 아니었지만, 그의 저술들은 자신이 소유했던 믿음에 관해 분명하고 강한 어조로 기록되어 있다. 후프마이어와 마르펙이 그보다 훌륭한 신학자였지만 점도 없고 흠도 없는 교회를 위해 수고를 아끼지 않았다는 점에서는 그 누구도 메노를 능가하지 못했다.

울리히 스태들러Ulrich Stadler, ?~1540

울리히 스태들러는 위대한 후터라이트 지도자였다. 그는 주로 한스 후트의 가르침을 묵상하고, 물질 나눔의 공동체에 대한 전통적인 아나뱁티스트 저작을 통해 내면적 삶과 외현적 삶에 대해 많은 글을 저술했다. 제자도의 삶에 대한 그의 관점은 그 어떤 아나뱁티스트 저자들보다 금욕주의적인 특성이 강하다.

부록2 소집단 토론 지침

　다음의 제안들은 이 책을 읽고 토론할 수 있도록 정리해 놓은 보조 자료이다. 대부분의 연구 자료들은 참고 문헌에서 볼 수 있다. 기본적인 저작들은 교회 도서관에서 찾아볼 수 있도록 구비하면 좋을 것이다.

1강: 제1장

　모임에 참여하는 사람들 중 다섯 명을 선정하여 스위스, 남부 독일, 네덜란드, 후터라이트, 영국의 아나뱁티즘의 본질과 범위 등에 대해 10분 정도 발표하도록 준비하라.

2강: 부록 I

　콘라트 그레벨, 한스 뎅크, 야코프 후터, 메노 시몬스, 미하엘 자틀러, 필그람 마르펙, 펠릭스 만츠 중 몇 사람과 관련된 짧고 극적인 글을 쓰거나 장면을 연출하라. 아나뱁티스트 지도자로서 각 사람의 인생과 업적에 대한 극적인 사건 하나에 초점을 맞추도록 한다. 그리고 이에 대해 토론하라.

3강: 제2장

참여자들은 로마 가톨릭, 루터교, 아나뱁티스트, 퀘이커 전통에 따른 주의 만찬에 대해 발표를 준비하라. 특히 주의 만찬을 기념할 때 거룩함을 어떻게 이해하는지에 주의를 집중하도록 한다. 발표한 내용에 대해 토론하라.

4강: 제3장

유능한 토론 진행자를 선정한 후 다음 질문에 대해 토론하라. 가능한 질문과 자료들을 미리 참여자에게 나누어 주도록 한다.

1) 모범이신 예수 그리스도에 관하여 아나뱁티스트들은 십자가를 어떻게 이해하고 있는가?

2) 어떤 방식이든 박해의 부재가 우리 시대를 사는 급진적 제자도에 대한 아나뱁티스트의 부르심을 나약하게 만들고 있는가?

3) 아나뱁티스트들이 박해가 없는 교회는 진정한 교회가 아니라고 한 말이 옳은가?

5강: 제4장

메노나이트 역사에 나타났던 율법주의를 주제로 15분 정도의 글이나 연극을 연출하라. 그리고 연극과 관련하여 다음 질문에 대해 토론하라.

1) 메노나이트 공동체에 맞추어 살도록 하는 압력은 율법주의로 인도하는가?

2) 교회의 규율에 대한 마르펙의 관대한 입장의 장단점에 대해 토론하라.

6강: 제5장

유능한 토론 진행자를 선정한 후 다음 질문에 대해 토론하라. 가능한 질문과 자료들을 미리 참여자에게 나누어 주도록 한다.

1) 교회 안에 성서학자의 위치에 대해 토론하라. 성서에 대한 비판적 연구에 대한 질문을 회피하지 않도록 한다.

2) 아나뱁티스트들의 성서 해석에 대한 원칙은 여전히 유효한가?

3) 하나님께 대한 불순종은 잘못된 신학을 반영한 것이라는 아나뱁티스트들의 주장은 옳은가?

7강: 제6장

메노나이트, 후터라이트, 아미시Amish에 대한 영화를 보고 다음의 질문에 대해 토론하라.

1) 〈땅 위의 조용한 사람들〉이라는 영화는 16세기 아나뱁티스트들을 정확하게 묘사하고 있는가?

2) 이 영화는 우리 시대의 전통을 적절하게 표현하고 있는가?

8강: 제7장과 제8장

서로 다른 전통 사이에 존재하는 믿음과 행위에 대한 주제를 놓고 토론하라.

1) 로마 가톨릭과 프로테스탄트 전통

2) 로마 가톨릭과 아나뱁티스트 전통

3) 16세기 프로테스탄트와 아나뱁티스트 전통

다음의 질문에 대해서도 토론하라.

1) 그리스도인들 사이에 서로 이해하지 못하거나 좌절하게 되는 요소들은 어떤 것이 있는가?

2) 가톨릭, 프로테스탄트, 아나뱁티스트 사이에 관용을 베풀도록 영향을 끼친 것은 무엇인가?

참고 문헌

Armour, R. *Anabaptist Baptism*, Scottdale, 1966.

Bender, H. S. *Conrad Grebel*, Scottdale, 1936.

Bender, H. S. *The Anabaptists and Religious Liberty*, Philadelphia, 1970.

Blanke, F. *Brothers in Christ*, Scottdale, 1961.

Boyd, S. B. *Pilgram Marpeck: His Life and Social Theology*, Durham, SC, 1992.

Brotherly Community: The Highest Command of Love by Andreas Ehrenpreis, 1650 and Claus Felbinger 1560, Rifton, NY, 1978.

Brotherly Faithfulness: Epistles from a Time of Persecution by Jacob Hutter, Rifton, NY, 1979.

Clasen, Claus-P. *Anabaptism: A Social History*, Ithaca and London, 1972.

Dyck, C. J. ed. *An Introduction to Mennonite History*, Scottdale, 1967. (《아나뱁티스트 역사》, 대장간, 2013.)

Dyck, C. J. *Spiritual Life in Anabaptism*, Scottdale, 1995.

Harder, L. *The Sources of Swiss Anabaptism*, Scottdale, 1985.

Hershberger, G. *The Recovery of the Anabaptist Vision*, Scottdale, 1957.

Horst. I. J. *The Radical Brethren*, Nieuwkoop, 1972.

Keeney, W. E. *Dutch Anabaptist Thought and Practise*, Nieuwkoop, 1968.

Klaassen, W. *Living at the End of the Ages*, New York & London 1992.

Klaassen, W. ed., *Anabaptism In Outline: Selected Primary Source*, Scottdale, 1981.

Klaassen, Walter et al., *Later Writings by Pilgram Marpeck and His Circle*, Kitchener, 1999.

Klassen, P. J. *The Economics of Anabaptism*, London, 1964.

Klassen, William & Walter Klaassen. eds. and translators, *The Writings of Pilgram Marpeck*, Scottdale, 1978.

Klassen, W. *Covenant and Community*, Grand Rapids, Mich., 1968.

Krahn, C. *Dutch Anabaptism*, The Hague, 1968.

Littell, F. H. *The Anabaptist View of the Church*, Boston, 1958.

Mennonite Encyclopedia 5 vols. Scottdale and Newton, 1955-1959, 1990.

Oyer, J. *Lutheran Reformers Against the Anabaptists*, The Hague, 1964.

Packull, W. O. *Mysticism and the Early South German-Austrian Anabaptist Movement 1525-1531*, Scottdale, 1977.

Packull, W. O. *Hutterite Beginnings*, Baltimore, 1995.

Pipkin, W. and J. H. Yoder. eds. and translators, *Balthasar Hubmaier: Theologian of Anabaptism*, Scottdale, 1989.

Rempel, J. *The Lord's Supper in Anabaptism*, Scottdale, 1993.

Rideman, P. *Confession of Faith*, London, 1950.

Snyder, C. A. *Life and Thought of Michael Sattler*, Scottdale, 1984.

Snyder, C. A. *Anabaptist History and Theology*, Kitchener, 1995.

Snyder, C. A. & Hecht, L. H. Eds. *Profiles of Anabaptist Women*, Waterloo, 1996.

Stayer, J. M. *Anabaptists and the Sword*, Lawrence KS. 1972.

Stayer, J. M. *The German Peasant War and Anabaptist Community of Goods*, Montreal & Kingston, 1991.

Verheyden, A. L. *Anabaptism in Flanders*, Scottdale 1961.

Wenger, J. C. *Even Unto Death*, Richmond 1961.

Wenger, J. C. ed. *The Complete Writings of Menno Simons*. Scottdale, 1956.

가톨릭도 프로테스탄트도 아닌 **아나뱁티즘**

지은이   월터 클라센
옮긴이   김복기

초판발행   2017년 2월 27일
펴낸이   김복기
제작   대장간
등록   제364호
펴낸곳   Korea Anabaptist Press   www.kapbooks.com
주소   강원도 춘천시 춘천로 34, 3층
전화   (033) 242-9615
영업   전화 (042) 673-7424   전송 (042) 623-1424
ISBN   978-89-92865-28-9   03230

값 13,000원

이 도서의 국립중앙도서관 출판시도서목록(CIP)은 서지정보유통지원시스템 홈페이지(http://seoji.nl.go.kr)와 국가자료
공동목록시스템(http://www.nl.go.kr/kolisnet)에서 이용하실 수 있습니다.(CIP제어번호: CIP2017002835)